Das Tor zum Verständnis eines Pandita

D1628805

Mipham Rinpoche

Das Tor zum Verständnis eines Pandita

aus dem Tibetischen von Heiko Michel

NORBU VERLAG

Bibliographische Information der Deutschen Bibliothek
Die Deutsche Bibliothek verzeichnet diese Publikation in der Deutschen Nationalbibliografie; detaillierte bibliografische Daten sind im Internet über http://dnb.ddb.de abrufbar

ISBN: 978-3-944885-34-6

© 2023 Norbu Verlag
www.norbu-verlag.de

Die Verwertung der Texte und Bilder, auch auszugsweise, ist ohne Zustimmung des Verlages urheberrechtswidrig und strafbar. Dies gilt auch für Vervielfältigungen, Übersetzungen, Mikroverfilmungen und für die Verarbeitung mit elektronischen Systemen.

Lektorat: Ruth Wichmann, Astrid Schünemann
Umschlaggestaltung und Satz: Gerd Pickshaus
Coverfoto: Thangka vom ersten Mipham Rinpoche.

Druck: Steinmeier GmbH & Co.KG, Deiningen

Gedruckt auf alterungsbeständigem, säurefreiem Papier aus chlorfrei gebleichtem Zellstoff

INHALT

Kürzel in den Fußnoten:
(KNü): zusätzliche Erläuterungen aus dem Kommentar von Khenpo Nüdön.
In eckigen Klammern finden sich Einfügungen, die nicht im tibetischen Text stehen, um das Verständnis zu erleichtern, oder Überschriften, die die Orientierung im Text erleichtern sollen. Es werden in eckigen Klammern manchmal alternative Übersetzungen angegeben, die man andernorts auch finden kann.

Kursive Klammereinfügungen im laufenden Text sind die Sanskrit-Äquivalente des jeweils vorangehenden Ausdrucks.

Vorwort

Dieses Buch »Das Tor zum Verständnis eines Pandita« wurde von Mipham Rinpoche verfasst. Er lebte von 1844 bis 1911 und war Schüler von Djamyang Khyentse Wangpo, Djamgön Lodrö Thaye, Patrul Rinpoche und anderen verwirklichten Meistern des tibetischen Buddhismus. Er wurde schon sehr jung als außergewöhnlich begabt erkannt, wuchs in einem Kloster der Nyingmapa-Tradition auf und begann mit 13 Jahren intensiv auf den Bodhisattva Mañjuśrī, der Weisheit, Intelligenz und Gelehrsamkeit verkörpert, zu meditieren. Er verbrachte viele Jahre in Meditations-Zurückziehungen und gelangte zu einer sehr hohen Verwirklichung. Mipham Rinpoche verfasste Abhandlungen, die in den verschiedenen Traditionen des tibetischen Buddhismus als authentisch und maßgebend anerkannt sind. Seine Kommentare umfassen zahlreiche Themen und füllen über 30 Textbände.

Die Lehren Buddhas werden allgemein in drei große Themenbereiche gegliedert, genannt Tripitaka oder die drei Körbe: Vinayapitaka, Sutrapitaka und Abhidharmapitaka. Alle drei stehen miteinander im Zusammenhang und werden benötigt, um Fortschritte auf dem Weg des Erwachens zu machen. Der Vinaya umfasst Buddhas Erklärungen zum ethischen Verhalten auf persönlicher Ebene und im gemeinschaftlichen Zusammenleben, deren Umsetzung den Geist der Praktizierenden von den Verstrickungen im Daseinskreislauf schützt und auf die Verwirklichung des Erwachens ausrichtet. Die Sutras beinhalten ebenfalls Lehrreden des Buddha, insbesondere zur kontemplativen und meditativen Praxis, und umfassen die Erklärungen der verschiedenen Stufen des Erwachens und ihrer entsprechenden Erkenntnisse. Der Abhidharma beinhaltet alle Erklärungen zur Natur der relativen und letztendlichen Wirklichkeit und beschreibt, was es dementsprechend zu verstehen gilt, um den Erleuchtungsweg zu ermöglichen. Die Abhidharma-Lehren werden mit einer Mutter verglichen: Sie führen zu einem authentischen Wissen aller buddhistischen Themen und zu den verschiedenen Stufen der Verwirklichung und sie ermöglichen allen Praktizierenden, sich vom Daseinskreislauf zu befreien und das Erwachen zu erreichen.

Der vorliegende Text fasst die Abhidharma-Lehren der Theravada- und Mahayana-Tradition zusammen. Es geht um das Verständnis der relativen und letztendlichen Wirklichkeit, wie sie auf dem Weg der Shravakas bzw. der Bodhisattvas gesehen wird.

Er bietet eine reichhaltige Erforschung, Analyse und Einsicht in die Funktionsweise des Geistes. Von der Darstellung geistiger Prozesse und der Funktion verschiedener emotionaler Zustände bis hin zur Untersuchung, wie der Geist selbst arbeitet, um die Realität zu konstruieren und Bedeutung zu erzeugen, findet man im Abhidharma eine große Bandbreite an anregenden Lehren.

Die Kenntnis dieser Themen ist notwendig, um unsere Geistesprozesse durchschauen zu können und eine gute Grundlage für weiterführende Erklärungen und eine authentische Meditationspraxis aufzubauen, deren Ausführung zum Erwachen führt.

Das Gesamtwerk »Das Tor zum Verständnis eines Pandita« besteht insgesamt aus drei Teilen: Der erste Teil umfasst zehn Kapitel oder Themen, die auch am Anfang des Textes aufgelistet werden und die Mannigfaltigkeit der Phänomene erläutern. Der zweite Teil besteht aus den Erklärungen zu den »Vier Siegeln«, die das Sosein der Phänomene erläutern. Der dritte Teil besteht aus den Erklärungen zu den »Vier Aspekten richtigen Wissens«, mit denen ein Buddha, in voller Kenntnis der Mannigfaltigkeit und des Soseins der Phänomene, das Wohl aller Wesen bewirkt.

Das vorliegende Buch besteht aus den ersten vier Kapiteln des ersten Teils. Die ersten drei Kapitel beschreiben drei verschiedene Möglichkeiten, die körperlichen und geistigen Aspekte eines Individuums und seine Beziehung zur Welt zu analysieren. Das vierte Kapitel erklärt das abhängige Entstehen der Phänomene. Das Verständnis dieser Erklärungen führt zum Auflösen des Festhaltens an der Vorstellung von uns selbst als einer unveränderlichen, unabhängigen und wirklich existierenden Entität. So helfen die Themen dieser vier Kapitel, sich von verschiedenen ichbezogenen Sichtweisen zu befreien: Das Verständnis der fünf Skandhas befreit von der Anhaftung an ein einziges, unteilbares Selbst, das Verständnis der 18 Dhatus von der Anhaftung an ein Selbst als Ursache, das Verständnis der 12 Ayatanas von der Anhaftung an ein erfahrendes Selbst und das Verständnis des Abhängigen Entstehens von der Anhaftung an ein Selbst als Schöpfer. Ein Verständnis dieser vier Kapitel ist die Grundlage für das Studium der folgenden Kapitel und bilden die Voraussetzung, das ausführliche achte Kapitel zu den vier Wahrheiten der Edlen richtig zu verstehen.

Diese Übersetzung wurde mit zahlreichen Fußnoten angereichert. Sie ermöglichen ein besseres Verständnis, können aber die für ein vertiefendes Studium unerlässlichen ausführlichen Erklärungen eines Lehrers nicht ersetzen.

Die Arbeit an diesem Text entstand aus dem Wunsch und der Notwendigkeit, eine Kenntnis der verschiedenen grundlegenden buddhistischen Themen zu erlangen, was eine tiefere Dharmapraxis ermöglicht und fördert. Die deutsche Übersetzung erfolgte aus dem Tibetischen und konnte im Laufe der Jahre verbessert werden, gestützt auf die Erklärungen Khenpo Chödraks und anderer tibetischer Gelehrter und dank des sorgfältigen mehrjährigen Studiums und der Zusammenarbeit vieler Praktizierender. Ich habe mich bemüht, die Genauigkeit der für den Abhidharma typischen Ausdrücke mit ihren Bedeutungen zu bewahren und gleichzeitig ein gutes Verständnis zu ermöglichen. Wichtige Begriffe sind, so weit wie möglich, einheitlich mit einem einzigen Ausdruck im Deutschen übersetzt worden, um die Zusammenhänge deutlich zu machen.

Es handelt sich hier nicht um eine definitive Übersetzung in die deutsche Sprache, sondern um eine erste Wortwahl bestimmter Begriffe. Der tibetische Text im Anhang, zusätzlich eingefügte tibetische Begriffe in den Fußnoten und Sanskrit-Begriffe im laufenden Text sind Referenzen, die verdeutlichen sollen, um welchen Begriff es sich jeweils handelt. Dieses Werk wurde im Original in tibetischer Sprache verfasst, es gibt keine Sanskrit-Version dieses Textes. Dennoch gehen die Begriffe auf die grundlegenden Werke des Abhidharma zurück, die auf Sanskrit verfasst wurden. Mipham Rinpoche, der Autor dieses Textes, bezieht sich auf die Abhidharma-Schatzkammer (Skt: *abhi-dharma-kośa*) sowie auf das Abhidharma-Kompendium (Skt: *abhi-dharma-samuccaya*).

Mir lag es am Herzen, diesen anspruchsvollen Text im Einklang mit den erhaltenen Erklärungen so genau wie möglich zu übersetzen, damit er im Deutschen für Studienzwecke zur Verfügung steht. Für eine weitere Vertiefung ist ein Studium der verschiedenen grundlegenden Texte des Abhidharma notwendig.

Allen, die zu dieser Arbeit und ihrer Veröffentlichung beigetragen haben, sei gedankt: den Studierenden im Dhagpo-Mandala sowie allen, die geholfen haben, diese Übersetzung zu korrigieren, oder die sich früher mit den vorangehenden Versionen der Übersetzung beschäftigt haben, sowie allen, die bei der Fertigstellung des Buches geholfen haben.

Heiko Michel

2023, Murat, Espinasse, Frankreich

Das Tor zum Verständnis eines Pandita

Diese Abhandlung heißt auf Sanskrit »*paṇḍitasya-nayaṃ-avatāra-mukha-nāma-śāstra*«[1] und auf Tibetisch »*mkhas pa'i tshul la jug pa'i sgo zhes bya ba'i bstan bcos*«[2].

Verehrung den Drei Juwelen.

Du hast die zehn Themen[3] zutiefst verstanden und zeigst den Lebewesen die wahre Bedeutung der vier Siegel[4]. Wie einen Schatz bringst du den Dharma mit makellosen Worten und Bedeutungen völlig zum Erstrahlen[5] – »Sonne der Rede«[6], mögest du in unsere Herzen eintreten!

Wer nun die Einsicht (*prajñā*) erlangen möchte, die fehlerfrei und gewiss die Seinsweise des zu Erkennenden (*jñeya*) erfasst, sollte sich

1 Der Titel des Textes wurde im tibetischen Text auch ins Sanskrit übersetzt und steht dort in tibetischen Schriftzeichen geschrieben.

2 Für diesen Titel gibt es auch die bekannten Kurzformen »Kepa la djugpa« (Tib: *mkhas pa la jug pa*) oder kurz "Kedjug" (Tib: *mkhas jug*), was mit »Eintritt ins Wissen« übersetzt werden kann.

3 Die *zehn Themen* finden sich in dieser Reihenfolge auch in Maitreyas »Unterscheidung der Mitte von den Extremen« (Skt: *madhyānta-vibhāga*), einem der fünf großen Werke Maitreyas (bzw. Asangas).

4 Die *vier Siegel* (Skt: *dharma-catu-saṃvara*, Tib: *phyag rgya bzhi*) sind vier zentrale Aussagen der Lehre Buddhas und werden in dieser Abhandlung im Anschluss an die *zehn Themen* in folgender Reihenfolge erklärt: »Alles Zusammengesetzte ist vergänglich. Alles Getrübte ist Leid. *Nirvana* ist Frieden. Alle *Dharmas* sind leer und frei von einem Selbst«.

5 Dieser Satz bezieht sich auf die *vier Aspekte richtigen Wissens* (Tib: *yang dag par rig pa*), die in dieser Abhandlung im Anschluss an die *vier Siegel* erklärt werden: richtiges Wissen der *Bedeutungen*, der *Dharmas*, der genauen *Worte* und auf Vertrauen beruhendes richtiges Wissen.

6 *Sonne der Rede* ist hier eine Anrufung von *Mañjuśrī.*

wie ein Pandita[7] in den zehn zu erkennenden Seinsweisen üben, so wie sie in den Sutras und in den großen Abhandlungen (*śastra*) erklärt werden.

Um was handelt es sich? Die Kenntnis der Skandhas (1), sowie der Dhatus (2), der Ayatanas (3), des abhängigen Entstehens (4), dessen, was Seinsweise und keine Seinsweise ist (5), der Fähigkeiten (6), der Zeit (7), der Wahrheiten[8] (8), der Fahrzeuge (9) und des Zusammengesetzten wie des Nicht-Zusammengesetzten (10) – dies sind die zehn Kenntnisse der Panditas[9].

Die Kraft des vollen Verständnisses dieser zehn [Themen] befreit uns völlig von der Verblendung (*moha*) durch die schädlichen Sichtweisen (*mithyā-dṛṣṭi*), die es aufzugeben gilt, wie zum Beispiel den zehn ichbezogenen Sichtweisen[10], und fördert unser Verständnis des Soseins und der Mannigfaltigkeit[11] [aller Phänomene].

7 *Panditas* (Skt: *paṇḍita,* Tib: *mkhas pa*) sind sehr gelehrt und haben den Sinn verinnerlicht. Sie üben drei Aktivitäten auf grenzenlose und authentische Art aus: Unterweisungen geben, Debattieren und Texte verfassen.

8 Die *Wahrheiten* sind in diesem Werk die vier Wahrheiten der Edlen und die zwei Wahrheiten (relative und letztendliche Wahrheit).

9 *Die zehn Kenntnisse der Panditas* mit ihren Sanskrit-Äquivalenten: Skandhas: *skandha,* Dhatu: *dhātu,* Ayatana: *āyatana,* Abhängiges Entstehen: *pratītya-samutpāda,* Seinsweise und keine Seinsweise [korrekt und inkorrekt]: *sthānāsthāna,* Fähigkeiten: *indriya,* Zeit: *kāla,* Wahrheiten: *satya,* Fahrzeuge: *yāna,* Zusammengesetztes [Bedingtes]: *saṃskṛtā,* Nicht-Zusammengesetztes [Nicht-Bedingt]: *āsaṃskṛta.*

10 Die *zehn Themen* befreien der Reihe nach von den entsprechenden *zehn ichbezogenen Sichtweisen* (Skt: *satkāyadṛṣṭi*, Tib: *bdag tu lta ba bcu*): Anhaftung an (1) ein einziges, unteilbares Selbst (*eka*), (2) ein Selbst als Ursache (*hetu-tva*), (3) ein erfahrendes Selbst (*bhoktṛ-tva*), (4) ein Selbst als Schöpfer (*kartṛ-tva*), (5) ein beherrschendes Selbst (*vaśavartana*), (6) ein Selbst als Besitzer (*ādhipatyārtha*), (7) ein ewiges Selbst (*nitya-tva*), (8) ein Selbst als Grundlage von Verblendung und Reinheit (*kleśa-śuddhyāśraya*), (9) ein praktizierendes Selbst (*yoga-tva*) und (10) ein nicht-erlöstes und erlöstes Selbst (*amukta-mukta-tva*).

11 Das vorliegende Werk besteht aus drei Teilen, die wie folgt zugeordnet werden können: die *zehn Themen* (erster Teil) erläutern die *Mannigfaltigkeit* der Phänomene und die *vier Siegel* (zweiter Teil) ihr *Sosein.* Ein Buddha bewirkt in voller Kenntnis beider Aspekte das Wohl der Wesen mit den *vier Aspekten richtigen Wissens* (dritter Teil).

1. Kapitel

Die fünf Skandhas *(skandha)*

Es gibt fünf Skandhas:

1. Das Skandha der Formen (*rūpa*)
2. Das Skandha der Empfindungen (*vedanā*)
3. Das Skandha der Unterscheidungen (*saṃjñā*)
4. Das Skandha der Gestaltungen (*saṃskāra*)
5. Das Skandha des Bewusstseins[12] (*vijñāna*)

Alle Arten von Formen, in allen drei Zeiten und an sämtlichen Orten, ob nah oder fern, ob von guter oder schlechter Erscheinung, gehören zusammengefasst dem Skandha der Formen an. Erkenne, dass für die Empfindungen und die anderen Skandhas das Gleiche gilt: Da sie Anhäufungen von vielen [Teilen] sind, heißen sie »Skandhas[13]«.

1. Das Skandha der Formen (*rūpa-skandha*)

Dieses Skandha besitzt das Merkmal *(lakṣaṇa)*, [materiellen] Formen zu entsprechen und wird weiter unterteilt in vier Ursachen-Formen (*upādāya-rūpa*) und elf Ergebnis-Formen (*bhautika-rūpa*).

12 *Bewusstsein* (Tib: *rnam par shes pa*) kann auch als »auf den Aspekt [des Objektes] orientiertes Erkennen« übersetzt werden.

13 *Skandha* (Tib: *phung po*) kann auch als »Anhäufung« oder »Haufen« übersetzt werden (und wird oft mit »Aggregat« übersetzt). Die *Skandhas* beinhalten alles Zusammengesetzte.

Die *Ursachen-Formen* sind die vier großen[14] Elementarkräfte (*mahābhūta*). Hierbei stellt das Erdelement (*pṛthivi-dhātu*) Festigkeit dar und dient als haltende Grundlage. Das Wasserelement (*ab-dhātu*) ist Flüssigkeit und verbindet. Das Feuerelement (*tejo-dhātu*) ist Hitze und bringt zur Reife[15]. Das Windelement (*vāyu-dhātu*) ist Bewegung und bewirkt Ausdehnung[16].

Die ersten zehn der elf Ergebnis-Formen sind die fünf [Sinnes-] Fähigkeiten[17] (*indriya*) und die fünf Objekte[18] (*indriyārtha*). Laut *Abhidharma-Schatzkammer*[19] besteht die elfte [Ergebnis-Form] aus »nicht-offenkundigen Formen« (*a-vijñapti-rūpa*). Laut *Abhidharma-Kompendium*[20] besteht die elfte [Ergebnis-Form] aus Formen des Ayatanas mentaler Objekte[21] (*dharmāyatana-rūpa*).

All diese Form-Skandhas werden aufgrund von Kontakt (*sparśena*) oder aufgrund von Untersuchung (*pradeśena*) als »Formen« definiert[22]. Im ersten Fall geschieht dies durch den Kontakt mit einer Hand, einem Stock, dem Wind und dergleichen, und im zweiten Fall durch das be-

14 Die *Elementarkräfte* sind aus zwei Gründen *groß*: weil sie unermesslich zahlreich als grundlegende *Elementarkräfte* (der später erklärten *Teilchen*) vorhanden sind, und weil sie sehr große Dinge hervorbringen, wie z. B. ganze Weltensysteme.

15 *Reife* beinhaltet hier auch Wandel, Altern und Zerfall.

16 Die *Ausdehnung* findet z. B. auch statt, wenn die *Winde* (Skt: *vāyu*, Tib: *rlung*) nach der Empfängnis den menschlichen Körper bilden und das Wachstum bewirken.

17 *Fähigkeiten* (Tib: *dbang po*, Skt: *indriya*) kann auch als »vorherrschende Fähigkeiten« übersetzt werden.

18 *Objekte* (Tib: *don*).

19 Die *Abhidharma-Schatzkammer* (Skt: *abhi-dharma-kośa*, Tib: *chos mngon pa mdzod*) von Vasubandhu repräsentiert die Sichtweise des grundlegenden Fahrzeugs (Skt: *hīnayāna*).

20 Das *Abhidharma-Kompendium* (Skt: *abhi-dharma-samuccaya*, Tib: *chos mngon pa kun las btus pa*) von Asaṅga repräsentiert die Sichtweise des großen Fahrzeugs (Skt: *mahāyāna*).

21 *Mentale Objekte* (Tib: *chos*, Skt: *dharma*).

22 *Kontakt* bezieht sich hier auf die ersten zehn Ergebnis-Formen und *Untersuchung* auf die elfte Ergebnis-Form.

griffliche, ausgeglichen ruhende[23] oder nicht ausgeglichen ruhende[24] Mentale, welches deutlich erfasst, dass diese Form solcherart ist.

Die fünf [Sinnes-]Fähigkeiten sind die der Augen, der Ohren, der Nase, der Zunge und des Körpers. Die vorherrschende Bedingung[25] für das jeweilige Bewusstsein dieser fünf Fähigkeiten besteht aus inneren, subtilen und transparenten Formen[26]:

Die Fähigkeit der Augen (*cakṣurindriya*) gleicht [in ihrer subtilen Form] einer *Umaka*-Blüte[27], die Fähigkeit der Ohren (*śrotrendriya*) gleicht gewundener Birkenrinde[28], die Fähigkeit der Nase (*ghrāṇendriya*) gleicht feinen, parallel angeordneten Kupfernadeln[29], die Fähigkeit der Zunge (*jihvendriya*) gleicht einer Mondsichel[30], und die Fähigkeit des Körpers (*kāyendriya*) gleicht der sanften »Haut« bei der Berührung eines Vogels[31].

23 Im Zusammenhang mit dem *ausgeglichen ruhenden Mentalen* heißt es im *Abhidharma*-Kompendium: Die Meditation auf die Verwesung des Körpers (als Gegenmittel zu Begierde) kann dazu führen, dass Menschen als Skelette wahrgenommen werden.

24 Ein Beispiel zum *nicht ausgeglichen ruhenden Mentalen* aus dem *Abhidharma*-Kompendium sind mentale Bilder, die sich ständig im gewöhnlichen Geist erheben, ohne dass man dabei in meditativer Versenkung ist.

25 Die *vorherrschende Bedingung* (Tib: *bdag rkyen*) ist eine der vier Bedingungen für das Entstehen von zusammengesetzten Phänomenen, die gewöhnlich im *Abhidharma* untersucht werden: die objektive Bedingung (das wahrzunehmende Objekt), die vorherrschende Bedingung (die [Sinnes-]Fähigkeit), die ursächliche Bedingung (das Bewusstsein) und die unmittelbare Bedingung (der vorübergegangene vorherige Moment der Wahrnehmung).

26 Diese *subtilen und transparenten Formen* (Skt: *rūpaprasāda*, Tib: *gzugs can dang ba*) sind sehr fein und mit dem bloßen Auge nicht sichtbar.

27 Die *Umaka-Blüte* gleicht der Form einer Sesam-Blüte. Diese subtile Form befindet sich im hinteren Teil der Augäpfel, am Anfang des Sehnervs.

28 Diese subtile Form befindet sich im Schädel, auf Höhe der Ohren.

29 *Kupfernadeln* können extrem fein sein, von daher wird Kupfer als Beispiel verwendet. Diese subtile Form befindet sich in den Nasenhöhlen.

30 Diese subtile Form befindet sich auf der Zungenspitze.

31 Diese subtile Form befindet sich unter der Haut des ganzen Körpers und auch in den Organen, außer in den Fingernägeln und Haaren.

Die fünf Objekte sind [visuelle] Formen[32] (*rūpa*), Klänge (*śabda*), Gerüche (*gandha*), Geschmäcker (*rasa*) und [körperlich] Spürbares (*sparśaḥ*).

[Visuelle] Formen sind die Objekte[33] der Augen, wovon es zwei Arten gibt: Farb-Formen (*varṇa-rūpa*) und Gestalt-Formen (*saṃsthāna-rūpa*).

Bei den [visuellen] Farb-Formen handelt es sich zunächst um die vier Grundfarben blau, gelb, weiß und rot, sowie um alle zusätzlichen Färbungen wie wolkig und rauchig, staubig und dunstig, sonnig und schattig, Helligkeit und Dunkelheit.

»Erscheinender Freiraum« werden Formen genannt, die nichts aufweisen, was beim Kontakt anderes behindern könnte, wie z. B. »durchsichtiger Raum«[34], was Scheinformen[35] usw. ähnelt. Auch sonstiges Offenkundiges, wie Verbeugungen[36] oder der einfarbig blaue Himmelsraum[37] über uns, wird ausdrücklich zu den [visuellen] Formen gezählt.

Werden die Grundfarben zu verschiedenen Anteilen gemischt, so entstehen daraus viele weitere Nebenfarben.

[Visuelle] Gestalt-Formen sind, wie allgemein erläutert wird, lang oder kurz, quadratisch oder rund, hoch oder niedrig, fein oder grob, eben oder uneben, mit vielen weiteren Unterteilungen wie dreieckig, halbkreisförmig, oval und dergleichen.[38]

32 *Form* (Tib: *gzugs*, Skt: *rūpa*) bezieht sich hier auf alle visuellen Formen als die sichtbaren Objekte der Augen.

33 *Objekte* sind die »Bereiche« (Tib: *yul*) der Wahrnehmung der verschiedenen [Sinnes-]Fähigkeiten.

34 *Durchsichtiger Raum* (Tib: *snang skya sing po*) bezieht sich auf die mentale Wahrnehmung einer leichten Graufärbung beim Betrachten des Raumes zwischen zwei Bergen oder zwischen anderen visuellen Objekten. Dieser Zwischenraum ist frei von etwas, was mit den Augen wahrgenommen werden könnte.

35 *Scheinformen* (Tib: *gzugs brnyan*, Skt: *pratibimba*) können Spiegelbilder oder auch Nachbildungen sein, wie z. B. Figuren.

36 *Verbeugungen* sind ein Beispiel für Bewegungsabläufe.

37 Die blaue Farbe ist deutlich sichtbar, aber im Himmelsraum nicht konkret aufzufinden.

38 *Gestalt-Formen* sind jeweils durch ihr Gegenteil definiert, was darauf hinweist, dass sie nicht unabhängig voneinander existieren.

Diese [visuellen] Formen und Farben werden zudem in gut, schlecht und mittelmäßig eingeteilt.[39]

Klänge sind die Objekte der Ohren. Es gibt von belebten Elementarkräften[40] erzeugte (*upātta-mahā-bhūta-hetuka*) Klänge, wie die menschliche Stimme, das Geräusch eines Fingerschnippens und dergleichen, und von unbelebten Elementarkräften erzeugte (*an-upātta-mahā-bhūta-hetuka*) Klänge, wie die Geräusche eines Flusses, des Windes und dergleichen, sowie von beiden zugleich erzeugte Klänge, wie zum Beispiel ein Trommelschlag.

Klänge können zudem eine Bedeutung ausdrücken und den Lebewesen etwas aufzeigen, oder keine Bedeutung haben und ihnen nichts aufzeigen. Klänge, die eine Bedeutung ausdrücken, können von einer weltlichen Person ausgesprochen werden, sowie von einer edlen Person (*ārya*), oder andere besondere Merkmale haben.[41] Diese Klänge können weiterhin eingeteilt werden in angenehme, unangenehme oder dazwischen liegende Klänge.

Gerüche sind die Objekte der Nase. Es gibt wohlriechende (*su-gandha*), unangenehme (*dur-gandha*) und ausgeglichene (*sama-gandha*), sowie natürlich entstandene und erzeugte Gerüche.

Geschmäcker sind die Objekte der Zunge. Es gibt sechs Arten: süß, sauer, salzig, bitter, scharf und zusammenziehend. Durch das Mischen dieser Geschmäcker entstehen viele weitere Untergruppen.

Auch Geschmäcker werden in die drei Kategorien angenehm, unangenehm und dazwischen liegend eingeteilt, und es gibt – wie oben – natürlich entstandene und erzeugte Geschmäcker.

[Körperlich] Spürbares sind die Objekte des Körpers. Es gibt das Spürbare der vier ursächlichen Elementarkräfte und die sieben sich

39 Die *Einteilungen in gut, schlecht und mittelmäßig* sind Teil unserer alltäglichen, konzeptuellen Wahrnehmung, aber rein subjektiv, und sie stehen nicht wirklich in Zusammenhang mit den Merkmalen der Objekte.

40 *Belebte Elementarkräfte* sind von einem Bewusstsein »ergriffene« Elementarkräfte (Tib: *zin pa'i 'byung ba*).

41 Es handelt sich jeweils um Dinge, die im eigenen Erfahrungsbereich liegen und von daher richtig benannt werden können.

daraus ergebenden Spürbaren[42] sanft, rau, schwer, leicht, hungrig, durstig und frierend, sowie[43] geschmeidig, gelöst, fest, zufrieden[44], krank, alt, sterbend[45] und erholt. Kräftig-kühn meint eine Furchtlosigkeit, wo wir dank körperlicher Kraft nicht eingeschüchtert sind.

Erkenne anhand dieser Erläuterungen, dass es viele Arten des Erfahrens von äußerem und innerem Spürbarem gibt.

Im Ayatana mentaler Objekte (*dharmāyatana*) gibt es fünf Arten von Formen:

1. »Zusammengekommen«[46] (*abhi-saṃkṣepika*) werden die Formen der kleinsten Teilchen genannt, die, obwohl sie Formen sind, nur mental erkannt werden.
2. »Erscheinender Freiraum« (*abhi-avakāśika*) oder [auch] »klar erscheinend« [genannt] sind Formen, die – wie zuvor beschrieben – anderes nicht behindern.
3. »Aus dem Annehmen authentischer [Gelübde] entstehend« (*samādānika*) sind Formen, die nicht-offenkundig sind.
4. »Völlig bezeichnete Formen« *(pari-kalpita)* sind z. B. Scheinformen (*pratibimba*) oder Formen im Traum.
5. »Gemeisterte Formen« (*vaibhūtika*) sind Formen, die kraft der Meisterschaft meditativer Versenkung (*dhyāna*) erscheinen, wie »vollständiges Blau« und dergleichen.

42 Das *Spürbare* besteht aus verschiedenen Anteilen der Elementarkräfte, z. B. besteht das Spürbare *»sanft«* aus einem überwiegenden Anteil der Elemente Feuer und Wasser.

43 Die letzten neun *Spürbaren* finden sich nicht in der *Abhidharma-Schatzkammer,* nur im *Abhidharma-Kompendium*. Alle anderen finden sich in beiden Werken.

44 *Zufrieden* oder gesättigt (Tib: *tshim pa*).

45 Beim *Sterben* lösen sich die *Elementarkräfte* auf, wodurch die verschiedenen Wahrnehmungen des Sterbeprozesses entstehen.

46 *Zusammengekommen* bezieht sich hier auf ein Zusammenkommen der Elementarkräfte.

Gemeisterte Formen und dergleichen erscheinen einzig durch geistige Kraft. Sie bestehen nicht aus einer Ansammlung von Teilchen, und ihre Ursachen sind daher nicht die Elementarkräfte. Es wird gelehrt, dass die Ursachen der anderen Formen diese zuletzt genannten [Elementarkräfte] sind.

Wie kann es sich bei etwas Nicht-Offenkundigem um eine Form handeln[47]? Es geht hier um die körperlichen und sprachlichen Handlungen[48] beim Annehmen von Gelübden[49], beim zeitweiligen Annehmen von Gelübden[50] oder bei Annahme von nicht-Gelübden[51]. Man spricht hier aus drei Gründen von [materiellen] Formen:

1. Da sie selbst durch Momente von Abgelenktheit oder geistiger Abwesenheit[52] nicht unterbrochen werden, zählen sie nicht zu Geist (*citta*).
2. Sie entstehen zunächst aus den vom eigenen Geistesstrom erfassten Elementarkräften als Ursache. Dann haben sie die erfassten Elementarkräfte als Stütze und bestehen solange, bis die Stütze vergeht oder eine Ursache auftritt, sie aufzugeben.
3. Es handelt sich um bestimmte Arten [sichtbarer und hörbarer] körperlicher und sprachlicher Handlungen, deren Natur mit

47 Die folgenden Erklärungen zu den nicht-offenkundigen Formen der Gelübde entsprechen der Sichtweise der *Abhidharma-Schatzkammer*.

48 *Handlungen* (Skt: *karma*, Tib: *las*).

49 *Gelübde*, wörtlich: »Bindungen« (Skt: *saṃvara*, Tib: *sdom pa*). Beim *Annehmen der Gelübde* werden in einem Ritual Worte und Gesten zur Übertragung der Gelübde genutzt, von daher stützen sich diese Gelübde auf konkrete Formen.

50 *Zeitweilige Gelübde* sind auf einen gewissen Zeitraum begrenzt, z. B. für die Dauer eines Drei-Jahres-Retreats.

51 *Annahme von nicht-Gelübden* (Skt: *asaṃvara*, Tib: *sdom min*) bedeutet, sich dem Ausführen nicht-heilsamer Handlungen zu verschreiben.

52 Die subtile Form der Gelübde und ihr heilsamer bzw. nicht-heilsamer Einfluss besteht ununterbrochen, selbst wenn keine entsprechenden Handlungen ausgeführt werden. Dies geschieht auch bei *geistiger Abwesenheit*, wie z. B. im Schlaf.

Gewissheit als heilsam (*kuśala*) oder nicht-heilsam (*a-kuśala*) festgelegt werden kann.[53]

Wenn wir uns vertrauensvoll verbeugen und Sutras rezitieren oder zornig andere schlagen und harte Worte sprechen, dann sind die Verursacher solcher Handlungen nichts als Teilchen des Körpers und der Rede. Dennoch müssen diese besonderen Bewegungen des Körpers und Äußerungen der Rede den [offenkundigen] Handlungen zugeordnet werden. Solche Handlungen machen die eigenen, [die Handlung] antreibenden Teilchen-Ansammlungen von Körper und Rede für andere offenkundig.

Der Prozess ist derselbe wie beim Betrachten von vielen Steinchen, die als Pferd oder in anderer Gestalt angeordnet sind: Wir sehen die Steinchen, und eigentlich gibt es nichts anderes zu erkennen. Dennoch sehen wir nicht nur die Steinchen, sondern erkennen auch die durch ihre Anordnung gebildete Gestalt.

Nicht-offenkundige Formen sind ebenfalls besondere Handlungen von Körper und Rede, die den offenkundigen Formen ähneln. Die antreibenden, individuellen körperlichen und sprachlichen Anteile sind eine individuelle Ursache und werden von anderen nicht wahrgenommen.

Gleiches gilt für die Gelübde einer gelübdehaltenden Person: Sie sind ebenfalls nicht durch bloßes Betrachten des Körpers [der äußeren Erscheinung] usw. erkennbar; sie werden »nicht-offenkundig«, »nicht-zeigbar« (a-*nidarśana*) und »nicht-behindernd« (*a-pratigha*) genannt.

Die zehn [Sinnes-]Fähigkeiten und die Objekte sind Ansammlungen von kleinsten Teilchen und bestehen von daher aus einer immer größer

53 Entsprechend der Sichtweise der *Abhidharma-Schatzkammer* müssen Handlungen nicht bloß geistig, sondern auch körperlich und sprachlich ausgeführt werden, um völlig heilsam oder nicht-heilsam zu sein.

werdenden Ansammlung von kleinsten, teillosen Formteilchen. Dies sei ausführlicher erklärt:

Sieben »kleinste Teilchen« (*paramāṇu*) [Atome] zusammen sind ein »Teilchen« (*aṇu*) [Molekül]. In gleicher Weise fügen sich stets sieben von ihnen zusammen, und so entstehen in zunehmender Größe Eisen-, Wasser-, Hasen-, Schafs-, Ochsen- und Sonnenstrahl-Teilchen, bis ihre Größe messbar wird: wie ein Läuse-Ei, eine Laus, ein Gerstenkorn und eine Fingerbreite. Vierundzwanzig Fingerbreiten sind eine Elle, vier Ellen sind eine Armspanne, fünfhundert Armspannen sind eine Rufweite, acht Rufweiten sind ein Yojana[54], und diese Yojanas dienen als Maß für Berge, Kontinente und dergleichen.

Im Bereich der Sinnesbegierden (*kāma-dhātu*) gibt es stets acht Arten von Teilchen: die vier Elementarkräfte sowie [visuelle] Formen, Gerüche, Geschmäcker und Spürbares. Hierbei werden [die Teilchen] der [Sinnes-]Fähigkeiten und Klänge nicht mitgezählt [da sie nicht immer vorhanden sind]. Wenn aber Klänge vorhanden sind, sind es neun Arten von Teilchen, und falls der Körpersinn vorhanden ist, sind es zehn Arten von Teilchen. Wenn zugleich mit dem Körpersinn eine andere [Sinnes-]Fähigkeit vorhanden ist, gibt es elf verschiedene Arten von Teilchen.

2. Das Skandha der Empfindungen (*vedanā-skandha*)

Das Merkmal von Empfindungen ist, dass sie Erfahrung sind.

Das Skandha der Empfindungen wird in drei Arten unterteilt: angenehme (*sukha*), leidvolle (*duḥkha*) und ausgeglichene (*a-duḥkha-sukha*) Empfindungen. Wenn die ersten beiden weiter unterteilt werden, ergibt dies fünf Arten: angenehme [physische] Empfindungen (*sukha-kāyika*) und angenehme mentale Empfindungen (*sukha-*

54 *Yojana* (Tib: *dpag tshad*), eine alte indische Maßeinheit.

caitasika), leidvolle [physische] Empfindungen (*duḥkha-kāyika*) und unangenehme mentale Empfindungen (*duḥkha-caitasika*) sowie ausgeglichene Empfindungen[55].

Was die Stützen *(āśraya)* angeht, so gibt es sechs Empfindungen, die aus dem Kontakt[56] des Zusammenkommens [von Objekt, Fähigkeit und Bewusstsein] der Augen, der Ohren, der Nase, der Zunge, des Körpers und des Mentalen entstehen.

Wenn diese weiter in angenehm, leidvoll und ausgeglichen unterteilt werden, ergibt dies 18 Arten von Empfindungen, die das Mentale begleiten (*manopavicāra*).

Zudem werden noch zahlreiche weitere Arten von Empfindungen aufgeführt: mit dem Bewusstsein der fünf Tore[57] einhergehende (*saṃprayukta*) körperliche Empfindungen[58] (*vedanā-kāyika*), mit dem mentalen Bewusstsein einhergehende geistige Empfindungen (*vedanā-caitasika*), mit körperlichem Verlangen (*tṛṣṇa*) einhergehende aufwühlende Empfindungen[59] (*sāmiṣa-vedanā*), mit dem Freisein von Verlangen einhergehende nicht aufwühlende Empfindungen (*nirāmiṣa-vedanā*), mit dem Verlangen nach den fünf Sinnesfreuden einhergehende Empfindungen, die Grundlage des Festhaltens sind[60]

55 Die *mentalen* Empfindungen sind entscheidender als die *physischen* Empfindungen, wie z. B. ein in extremer Armut lebender Mensch, der trotzdem glücklich sein kann.

56 *Kontakt* bezieht sich auf das *Zusammenkommen* von Objekt, [Sinnes-]Fähigkeit und Bewusstsein (Tib: *yul, dbang po, rnam par shes pa*) der verschiedenen Sinnesbereiche, und findet sich in diesem Werk auch als einer der *fünf stets vorhandenes Geistesfaktoren* sowie eines der *zwölf Glieder abhängigen Entstehens.*

57 Mit *fünf Toren* sind die fünf Sinnesorgane gemeint: Augen, Ohren, Nase, Zunge und Körper.

58 *Körperliche Empfindungen* entstehen auf der Grundlage der fünf [Sinnes-] Fähigkeiten.

59 *Aufwühlende Empfindungen* sind hier Empfindungen verschiedenster Art, die aus der Anhaftung an die Wirklichkeit und die Beständigkeit des Körpers und der einhergehenden Empfindungen entstehen.

60 Sie sind *Grundlage des Festhaltens*, weil sie aus der Anhaftung an die Wirklichkeit und eine Beständigkeit der Sinnesfreuden und der einhergehenden Empfindungen entstehen.

(*grddhaśrita-vedanā*) sowie Empfindungen, die frei von Festhalten und Grundlage der Befreiung sind (*naiṣkramyaśrita-vedanā*).

3. Das Skandha der Unterscheidungen (*saṃjñā-skandha*)

Unterscheiden ist das tatsächliche Erfassen als Merkmal (*citrīkāra*).[61]

Aus der Perspektive der Stützen betrachtet gibt es eine Einteilung in sechs Unterscheidungen, die aus dem Kontakt des Zusammenkommens [von Objekt, Fähigkeit und Bewusstsein] der Augen [der Ohren, der Nase, der Zunge, des Körpers] bis hin zum Mentalen entstehen.

Unterscheidungen erfassen die Merkmale von Objekten[62], wie Erscheinungen als blau, gelb und dergleichen zu erfassen, und die Merkmale von konventionellen Bezeichnungen[63], wie die Vorstellung von Mann und Frau[64]. Es gibt so viele weitere Unterteilungen, wie es Erkennbares gibt.

Unterscheidungen werden weiter in sechs Arten unterteilt:

1. Unterscheidungen mit Merkmalen (*sa-nimitta*) beinhalten alle Unterscheidungen, außer solche ohne Merkmale.
2. Unterscheidungen ohne Merkmale (*a-nimitta*) finden sich:
   - Bei Personen, die nicht in konventionellen Bezeichnungen bewandert sind; sie sehen z. B. eine Form, kennen aber ihr Zeichen nicht, weil sie die Zeichen nicht gelernt haben[65].

61 *Unterscheidungen* (Tib:*'du shes*) kann auch als »Wahrnehmung« übersetzt werden.

62 Das *Erfassen der Merkmale von Objekten* ist nicht-begrifflich.

63 Das *Erfassen der Merkmale von konventionellen Bezeichnungen* (Skt: *vyavahāra*, Tib: *tha synad*) ist begrifflich.

64 Die *Vorstellung von Mann und Frau* entsteht schon sehr früh in unserem Leben, und diese Unterscheidung kann zu vielen aus emotionaler Verblendung entstehenden Handlungen führen.

65 Wie z. B. ein Kind, das noch nicht gelernt hat, die Wahrnehmungen zu bezeichnen. Bei diesen Unterscheidungen gibt es kein *Erfassen der Merkmale*

- Bei Wahrnehmung der Dimension ohne Merkmale (*a-nimitta-dhātu*)[66].
- In meditativer Ausgeglichenheit am Gipfel der Existenz[67] (*bhavāgra*).

3. Geringere Unterscheidungen[68] (*parītta*) entstehen aus den Wahrnehmungen des Bereichs der Sinnesbegierde (*kāma-dhātu*).
4. Weite Unterscheidungen[69] (*mahadgata*) entstehen in gleicher Weise aus den Wahrnehmungen des Formbereichs (*rūpa-dhātu*).
5. Unermessliche Unterscheidungen (*a-pramāna*) entstehen aus den Wahrnehmungen von »Unendlichem Raum« und »Unendlichem Bewusstsein«[70].

von konventionellen Bezeichnungen.

66 Die *Wahrnehmung einer Dimension ohne Merkmale* bezieht sich auf die Erfahrung von Leerheit.

67 *Gipfel der Existenz* bezieht sich auf die höchste der vier Versenkungsstufen im formlosen Götterbereich, was der höchste zu erlangende Bereich im Daseinskreislauf ist. In diesem Bereich gibt es durch das *Aufhören* der sechs Fähigkeiten weder das *Erfassen der Merkmale von Objekten* noch das *Erfassen der Merkmale von konventionellen Bezeichnungen,* es findet aber ein Unterscheiden bezüglich des verbleibenden Bewusstseins (siebtes und achtes Bewusstsein der achtfachen Gruppe) statt.

68 *Geringe Unterscheidungen* entstehen ebenfalls aus dem Zusammenkommen der vier Bedingungen (objektive Bedingung, vorherrschende Bedingung, ursächliche Bedingung und unmittelbare Bedingung), wobei Objekt, [Sinnes-] Fähigkeit und Bewusstsein hier auf den Bereich der Sinnesbegierde beschränkt sind und Objekte aus anderen Bereichen nicht wahrgenommen werden können.

69 Bei *weiten Unterscheidungen* werden die Objekte der entsprechenden Stufe im Formbereich sowie aller untergeordneten Bereiche der Form und Sinnesbegierde wahrgenommen.

70 *Unendlicher Raum* (Skt: *ākāśānantyāyatana*, Tib: *nam mkha' mtha' yas*) und *Unendliches Bewusstsein* (Skt: *vijñanantyāyatana*, Tib: *rnam shes mtha' yas*) bezieht sich auf die erste und zweite der vier Versenkungsstufen im formlosen Götterbereich. Auf dieser Stufe werden, in Abwesenheit eines Körpers, ausschließlich die mentalen Objekte des entsprechenden formlosen Bereichs wahrgenommen.

6. Unterscheidungen von Nichts-was-auch-immer (*akimcanya*) entstehen aus der Wahrnehmung des Ayatanas von Nichts-was-auch-immer[71].

4. Das Skandha der Gestaltungen (*saṃskara-skandha*)

Tatsächliches Gestalten (*abhi-saṃskāra*) ist das Merkmal des Skandhas der Gestaltungen[72].

Zu [diesem Skandha] zählt alles Zusammengesetzte (*saṃskṛta*), das nicht zu den vier anderen Skandhas gehört.

Das Skandha der Gestaltungen beinhaltet die »mit Geist einhergehenden Gestaltungen«[73] (*citta-sam-prayukta-saṃskāra-skandha*), d. h. alle Geistesfaktoren[74], sowie die »nicht mit Geist einhergehenden Gestaltungen« (*citta-vi-prayukta-saṃskāra-skandha*), wie »Erlangthaben« (*prāpti*), usw. (mix Geist/Form)

Es gibt 51 Geistesfaktoren[75] (*caitasika*) – oder 55, wenn die fünf [irrigen] Sichtweisen (*dṛṣṭi*) einzeln aufgezählt werden.

71 *Das Ayatana von Nichts-was-auch-immer* (Skt: *ākiṃcanyāyatana*, Tib: *ci yang med pa'i 'du shes*) bezieht sich auf die dritte der vier Versenkungsstufen im formlosen Götterbereich.

72 *Tatsächliches Gestalten* definiert nur die (im folgenden Text erklärten) *mit Geist einhergehenden Gestaltungen.*

73 Sie werden *einhergehende Gestaltungen* genannt, weil sie fünf Gemeinsamkeiten mit Geist haben: 1) gleiches Bezugsobjekt, 2) gleiche [Sinnes-] Fähigkeit, 3) gleiche Erscheinung [der Merkmale des Bezugsobjektes], 4) Gleichzeitigkeit 5) gleiche Substanz. Die ersten vier betreffen begriffliche und nicht-begriffliche Wahrnehmungen, die letzte betrifft nur begriffliche Wahrnehmungen: die heilsamen und die nicht-heilsamen Geistesfaktoren »färben« bei begrifflichen Wahrnehmungen das Bewusstsein, sie sind von gleicher (geistiger) Substanz.

74 *Geist* (Skt: *citta*, Tib: *sems*) und *Geistesfaktoren* (Skt: *caitasika*, Tib: *sems byung*) teilen die fünf vorher genannten Gemeinsamkeiten.

75 Diese Liste der *Geistesfaktoren* entspricht dem *Abhidharma-Kompendium.*

Die **fünf stets vorhandenen Geistesfaktoren** (*sarva-traga-caitasika*) sind: Interesse, Empfinden, Unterscheiden, Bewussthalten[76] und Kontakt. Empfinden und Unterscheiden wurden bereits erklärt – sie sind zwar Geistesfaktoren, zählen aber nicht zum Skandha der Gestaltungen, da sie getrennt behandelt werden[77].

1. ***Interesse*** (*cetanā*) ist das geistige Hinbewegen und sich Einlassen auf ein Objekt. Den Stützen entsprechend gibt es sechs Arten von Interesse aus dem Zusammenkommen [von Objekt, Fähigkeit und Bewusstsein] der Augen usw.
2. ***Empfinden*** und
3. ***Unterscheiden*** wurden bereits erklärt.
4. ***Bewussthalten*** (*manasikāra*) ist das geistige Festhalten eines Bezugspunktes.
5. ***Kontakt*** (*sparśa*) ist das Zusammenkommen der drei[78], was die Fähigkeit mit einschließendem Entscheiden[79] hervorruft. Er bildet die Stütze des Empfindens.

76 *Bewussthalten* (Tib: *yid byed*, Skt: *manasikāra*) kann auch als »mentales Bewussthalten« übersetzt werden.

77 *Empfinden* und *Unterscheiden* werden gesondert als Skandhas behandelt, weil sie (1) die Ursachen der Wurzeln von Streit sind, weil sie (2) die Ursachen der Fortdauer der Existenz sind und (3) aufgrund der Ursachen, die die Reihenfolge der Skandhas bestimmen. *Empfinden* ist eine Hauptursache der Wurzeln von Streit, hauptsächlich unter Laienpraktizierenden, aufgrund der Anhaftung (*adhyavasāya*) an (Sinnes-)Freuden. *Unterscheiden* ist eine Hauptursache der Wurzeln von Streit, hauptsächlich unter Ordinierten, aufgrund der Anhaftung an (irrige) Sichtweisen (*dṛṣṭi*). Die Existenz setzt sich fort für diejenigen, die an *Empfindungen* anhaften und deren *Unterscheidungen* irrig sind. Die ausführliche Begründung findet sich in Kommentaren zum *shes bya mdzod* und anderen Werken. (KNü)

78 Die *drei* sind Objekt, Fähigkeit und Bewusstsein.

79 *Einschließendes Entscheiden* (Tib: *yongs su gcod pa*) und ausschließendes Entscheiden (Tib: *rnam par gcod pa*) werden im Kapitel der Ayatanas weiter erläutert.

Diese fünf Geistesfaktoren werden die »stets vorhandenen« genannt, weil sie alle Arten von geistiger Wahrnehmung begleiten.

Die **fünf Objekt-bestimmenden Geistesfaktoren** (*pratiniyata-viṣaya-caitasika*) sind: Streben, Entschlossenheit, Vergegenwärtigen, stabiles Verweilen und Einsicht.

1. ***Streben*** (*chanda*) ist das Bemühen, gewünschte Dinge zu besitzen, und bildet die Stütze, um dies mit freudiger Ausdauer (*vīrya*) in die Tat umzusetzen.
2. ***Entschlossenheit*** (*adhimokṣa*) ist das Festhalten daran, dass gewisse Dinge so sind [wie sie sind]. Sie bewirkt, sich nicht von ihnen abzuwenden.
3. ***Vergegenwärtigen*** (*smṛti*) ist, ein bekanntes Objekt nicht zu vergessen. Es bewirkt Unabgelenktheit (*a-vikṣepa*).
4. ***Stabiles Verweilen*** (*samādhi*) ist Einsgerichtetheit (*cittasyaikā-gratā*) in Bezug auf beobachtete Dinge und unterstützt das Erkennen.
5. ***Einsicht*** (*prajñā*) bedeutet, die beobachteten Phänomene vollständig zu untersuchen (*vibhaṅga*), und bewirkt das Auflösen von Unsicherheit (*saṃśaya*).

Diese zehn bisher genannten Geistesfaktoren werden die »zehn [Geistesfaktoren] der großen Geistesgrundlage« genannt[80].

80 Diese *zehn [Geistesfaktoren] der großen Geistesgrundlage* bilden laut der *Abhidharma-Schatzkammer* eine zusammenhängende Gruppe und sind voneinander abhängig: Geist ist nicht-begrifflich, wenn ausschließlich diese zehn vorhanden sind, und er ist begrifflich, wenn weitere Geistesfaktoren zusätzlich vorhanden sind. Laut dem *Abhidharma-Kompendium* sind nur die *fünf stets vorhandenen Geistesfaktoren* immer vorhanden, und die weiteren fünf können hinzukommen.

Die **elf heilsamen Geistesfaktoren** (*kuśala-caitasika*):

1. ***Vertrauen*** (*śraddhā*) ist inspiriertes (*prasāda*), strebendes (*abhilāṣa*) und überzeugtes Vertrauen (*abhi-sampratyaya*) in Bezug auf das Wahre; es unterstützt das *Streben*.
2. ***Gewissenhaftigkeit*** (*a-pramāda*) ist, sich umsichtig darin zu bemühen, was anzunehmen und was abzulehnen ist. Sie bewirkt das Verwirklichen von allem Vortrefflichen in der Existenz [Samsara] (*laukika*) und im Frieden [Nirvana] (*lokottarā*).
3. ***Flexibilität*** (*praśrabdhi*) ist, Körper und Geist arbeitsfähig zu machen[81], um sie für Heilsames einsetzen zu können. Sie überwindet das Eintreten in negative Zustände.
4. ***Gleichmut*** (*upekṣā*) ist, den Geist frei von Anhaftung (*rāga*), Abneigung (*dveṣa*) und Verblendung (*moha*) natürlich zu belassen[82]. Er bewirkt, nicht aus emotionaler Verblendung (*saṃkleśa*) zu handeln.
5. ***Selbstrespekt*** (*hrī*) bewirkt, aus sich selbst heraus oder aufgrund des Dharma schädliche Handlungen (*avadya*) zu unterlassen[83]; er ist die Stütze für Gelübde in Bezug auf fehlerhaftes Verhalten.
6. ***Rücksichtnahme*** (*apatrāpya*) bewirkt, aufgrund der Welt oder anderer [Personen] selbst geringe schädliche Handlungen zu unterlassen[84].

81 *Flexibilität* ist eine Perfektion aufgrund intensiven Übens, wodurch weder körperliche noch geistige Hindernisse mehr entstehen und heilsames Handeln zutiefst kultiviert ist.

82 *Gleichmut* beinhaltet das Kultivieren von Liebe und Mitgefühl und das Entwickeln des Erleuchtungsgeistes (Skt: *bodhicitta*, Tib: *byang chub kyi sems*).

83 *Selbstrespekt* bedeutet, schädliche Handlungen zu unterlassen aufgrund des Verständnisses ihrer Auswirkungen und der Erklärungen des Dharma.

84 *Rücksichtnahme* bedeutet schädliche Handlungen zu unterlassen aufgrund des Respektes gegenüber anderen, die diese Handlungen zur Kenntnis nehmen könnten. *Selbstrespekt* und *Rücksichtnahme* wurden von Buddha als die Grundlagen der buddhistischen Praxis und auch des gesellschaftlichen Zusammenlebens angesehen.

7. ***Nicht-Begehren*** (*a-lobha*) ist, weder Existenz noch die materiellen Dinge der Existenz zu begehren[85]. Es verhindert fehlerhaftes Verhalten.
8. ***Nicht-Hassen*** (*a-dveṣa*) ist die Abwesenheit einer feindseligen Geisteshaltung gegenüber fühlenden Wesen und mit Leid verbundenen Phänomenen. Es verhindert fehlerhaftes Verhalten.
9. ***Nicht-Verwirrtsein*** (*a-moha*) ist, durch eingehendes Untersuchen[86] in Bezug auf die wahre Bedeutung nicht verblendet zu sein. Es verhindert Fehler.
10. ***Gewaltlosigkeit*** (*a-vihiṃsā*) ist eine mitfühlende Geisteshaltung, die Teil von *Nicht-Hassen* ist. Sie bewirkt, anderen kein Leid zuzufügen.
11. ***Freudige Ausdauer*** (*virya*) ist, sich mit freudvollem Geist für das Heilsame einzusetzen. Sie bewirkt, dass alles Heilsame in vollem Umfang verwirklicht wird.

Die **nicht-heilsamen Geistesfaktoren** (*a-kuśala-caitasika*) bestehen aus sechs primären emotionalen Verblendungen (*kleśa*) und zwanzig [den primären emotionalen Verblendungen] verwandten emotionalen Verblendungen.

Zuerst die **sechs primären emotionalen Verblendungen**:

1. ***Unwissenheit***[87] (*a-vidyā*) ist, die Seinsweise der Handlungen und ihren Folgen, der Wahrheiten, sowie der Drei Juwelen nicht zu ver-

85 *Existenz* bezieht sich auf die beiden höheren Bereiche der Form und Formlosigkeit, *materielle Dinge* auf den Bereich der Sinnesbegierde. Ein Arhat hat beide Aspekte im Aufgeben der fünf Skandhas überwunden.

86 *Eingehendes Untersuchen* mit den drei Aspekten von Studium, Kontemplation und Meditation beseitigt schrittweise die Verblendung in Bezug auf die wahre Natur der Phänomene und führt zu einem Wandel im Verhalten.

87 Es gibt zwei Arten von *Unwissenheit* in Verbindung mit den zwei Arten von Schleiern: Schleier emotionaler Verblendung (Tib: *nyon mongs pa'i sgrib pa*, Skt: *kleśāvaranam*) und Schleier bezüglich des zu Erkennenden (Tib: *shes bya'i sgrib pa*, Skt: *jñeyāvaranam*).

stehen. Sie bewirkt das Entstehen von allem völlig emotional Verblendeten[88].

2. ***Begierde*** (*rāga*) ist, die getrübten[89] Skandhas der drei Daseinsbereiche (*dhātu*) zu begehren. Sie bewirkt das Entstehen des Leids der Existenzen. Man spricht von zwei Arten von Begierde: der »begehrenden Begierde« als der Begierde des Bereiches der Sinnesbegierde[90], und der »Begierde zu existieren« als der Begierde der beiden höheren Bereiche[91].
3. ***Ärger*** (*pratigha*) ist eine feindselige Geisteshaltung gegenüber fühlenden Wesen, gegenüber dem Leid [selbst] oder der Grundlage[92] des Leids. Er bewirkt, nicht im Kontakt mit angenehmen [Zuständen] bleiben zu können und unterstützt fehlerhaftes Verhalten.
4. ***Stolz*** (*māna*) ist arrogante Überheblichkeit, die sich auf die »Sichtweise in Bezug auf die vergängliche Ansammlung[93]« stützt. Er bewirkt, andere nicht zu respektieren und unterstützt das Entstehen von Leid. Stolz wird in sieben Arten[94] unterteilt.
5. ***Zweifel*** (*vicikitsā*) ist eine mentale Zwiespältigkeit angesichts der Bedeutung der Wahrheiten. Er verhindert die Praxis des Heilsamen.
6. ***Sichtweisen*** (*dṛṣṭi*) sind alle emotional verblendeten Sichtweisen; sie sind die Stütze aller schädlichen Sichtweisen.

88 *Völlige emotionale Verblendung* (Skt: *saṃkleśa*, Tib: *kun nas nyon mongs pa*) beinhaltet alle Phänomene des Daseinskreislaufs. Aufgrund von *Unwissenheit* entstehen alle anderen emotionalen Verblendungen.

89 *Getrübt* (Tib: *zag-bcas,* Skt: *sāsrāva*) kann auch als »verbunden mit den Faktoren des Absturzes (in den Daseinskreislauf)« übersetzt werden. Die »Faktoren des Absturzes« sind emotionale Verblendungen.

90 Die *begehrende Begierde* entsteht in Bezug auf die durch die Sinnestore wahrgenommenen Objekte des Bereichs der Sinnesbegierde (Begierdebereich).

91 Die *Begierde zu existieren* bezieht sich auf die meditativen Versenkungen der *beiden höheren Bereiche* (die Bereiche der Form und der Formlosigkeit).

92 *Grundlage* (Tib: *gzhi*) kann hier auch als »ursächliche Objekte« übersetzt werden.

93 Die *vergängliche Ansammlung* sind die fünf Skandhas.

94 Die *sieben Arten von Stolz* sind: Arroganz (Hochmut), Herablassung, Überheblichkeit, Anmaßung, Eingebildet sein, völlig in die Irre gehender Stolz und Selbstgefälligkeit (Eitelkeit).

Dies waren die sechs Hauptemotionen.

Sichtweisen können in fünf Arten eingeteilt werden:

1. Die »***Sichtweise in Bezug auf die vergängliche Ansammlung***« (*sat-kāya-dṛṣṭi*) beinhaltet, in den völlig angenommenen fünf Skandhas ein »Ich« zu sehen und sie als »meins« zu betrachten[95]. Sie stützt die anderen Sichtweisen.
2. Die »***Sichtweise, an Extremen festzuhalten***« (*anta-grāha-dṛṣṭi*) beinhaltet, ein »Ich« oder die fünf Skandhas entweder für dauerhaft oder unterbrochen zu halten[96]; sie wirkt als Hindernis für die endgültige Loslösung[97] durch den Mittleren Weg.
3. »***Verkehrte Sichtweise***« (*mithyā-dṛṣṭi*) beinhaltet, die Ursache- und Wirkungsbeziehung von Handlungen oder anderes Wirkliches als nicht existent anzusehen; sie bewirkt, von den Wurzeln des Heilsamen abgeschnitten zu sein.
4. »***Eine Sichtweise für das Höchste zu halten***« (*dṛṣṭi-parāmarśa*) beinhaltet, die zuvor genannten drei schädlichen Sichtweisen sowie ihre Grundlage – die völlig angenommenen fünf Skandhas – als das Höchste und etwas Authentisches zu betrachten. Dies bewirkt deutliches Anhaften an schädlichen Sichtweisen.
5. »***Disziplin oder Askese für das Höchste zu halten***« (*śīla-vrata-parāmarśa*) ist die Sichtweise, dass eine nicht reinigende und nicht befreiende Disziplin oder asketische Praxis[98] sowie ihre Grundlage

95 Erklärung im Kommentar von *KNü*: Diese Sichtweise betrachtet das Bewusstsein als *»Ich«* und die anderen Skandhas als *»meins«*.

96 Dies kann sich auch z. B. auf die *dauerhafte* Existenz eines Gottes beziehen.

97 *Endgültige Loslösung* (Tib: *nges par 'byung ba*, Skt: *nihsaranatah*) ist oft als »Entsagung« übersetzt worden und meint ein endgültiges Hervorkommen des Aufhörens, den vierten Aspekt der Wahrheit vom Aufhören, bei dem die Leidhaftigkeit und Unbeständigkeit der fünf Skandhas endgültig erkannt wird.

98 Es kann sich dabei im weiteren Sinne auch um eine heilsame *Disziplin oder asketische Praxis handeln*, die aber allein nicht ausreicht, um völlige Befreiung zu erlangen.

– die fünf Skandhas – reinigt, befreit und erlöst[99]. Diese Sichtweise bewirkt, dass erschöpfende Anstrengungen fruchtlos bleiben.

Diese beiden Sichtweisen, die etwas für das Höchste halten, stehen für das Haften an allen schädlichen Sichtweisen, die die Wirklichkeit verkehrt sehen, wie auch für das Haften an allen schädlichen Wegen, die keine Methoden der Befreiung sind.

Diese fünf Sichtweisen sind allesamt von emotionaler Verblendung behaftete [Arten von] Einsicht (*kliṣṭa-prajñā*).

Unter diesen zehn primären emotionalen Verblendungen – fünf Sichtweisen und fünf, die keine Sichtweisen sind – sind vier von völlig begrifflicher Natur: die beiden Sichtweisen, etwas für das Höchste zu halten, verkehrte Sichtweisen und Zweifel. Die übrigen sechs können von völlig begrifflicher Natur[100] oder zugleich entstehend[101] sein.

Die **zwanzig verwandten emotionalen Verblendungen** (*upa-kleśa*):

1. ***Wut*** (*krodha*) ist gesteigerter Ärger und bewirkt, dass die leidbringende Haltung äußerlich zum Ausdruck kommt, wie z. B. durch Schlagen[102].
2. ***Groll*** (*upanāha*) gehört zur Kategorie des Ärgers. Er lässt von der Absicht, schaden zu wollen, nicht ab und bewirkt Ungeduld.

99 *Erlöst* (Tib: *nges 'byin*, Skt: *naiyīnikata*) bezeichnet den vierten Aspekt der Wahrheit des Weges.

100 Die emotionalen Verblendungen *von völlig begrifflicher Natur* (Tib: *kun brtags*) werden durch Beschäftigungen (mit philosophischen Schulen, Glaubensrichtungen usw.) erlangt und (im Mahayana) durch das Erlangen vom Pfad des Sehens auf der ersten Bodhisattvastufe aufgelöst.

101 Die *zugleich entstehenden* (Skt: *sahaja*, Tib: *lhan cig skes pa*) emotionalen Verblendungen sind gleichzeitig mit dem Daseinskreislauf schon seit anfangsloser Zeit vorhanden und werden (im Mahayana) durch das Erlangen vom Pfad der Meditation ab der zweiten Bodhisattvastufe aufgelöst.

102 *Wut* kommt durch körperliche Handlungen zum Ausdruck, wie *Schlagen* usw.

< Boshaftigkeit >

3. ***Verachtung***[103] (*pradāśa*) bewirkt, aus *Wut* und *Groll* heraus ungeduldig zu sein und verletzend zu sprechen[104].
4. ***Gewaltbereitschaft*** (*vihiṃsā*) gehört zur Kategorie des Ärgers. Sie bewirkt vollständige Misshandlungen in der Abwesenheit von Mitgefühl und Liebe.
5. ***Eifersucht*** (*īrṣyā*) gehört zur Kategorie von Ärger und beinhaltet, aufgrund von Haften an Gewinn, Ehre usw. das Wohlergehen anderer nicht ertragen zu können und geistig zutiefst aufgewühlt zu sein. [Es entstehen] unangenehme mentale [Empfindungen] und der Geist ruht nicht mehr in seinem natürlichen Zustand. Sie unterstützt Fehler.
6. ***Unaufrichtigkeit*** (*śāṭhya*) ist eine betrügerische Geisteshaltung, die aus Anhaftung an Dinge wie Gewinn und Ehre die eigene Negativität verheimlicht und sie so ununterbrochen aufrechterhält. Sie gehört zu den Kategorien von Anhaftung, Abneigung und Verblendung und verhindert, authentische Unterweisungen erhalten zu können.
7. ***Scheinheiligkeit*** (*māyā*) beinhaltet, für Gewinn, Ehre usw., eigene Qualitäten vorzutäuschen, die man nicht hat, und dadurch andere mit Unwahrheit zu betrügen. Sie gehört zu den Kategorien von Dummheit und Anhaftung; sie begleitet die primären und verwandten emotionalen Verblendungen und unterstützt eine falsche Lebensführung[105].
8. ***Mangelnder Selbstrespekt***[106] (*a-hrīkya*) ist, schädliches Handeln nicht von sich aus zu unterlassen. Er gehört zu den Kategorien der

103 *Verachtung* (Tib: *'tshig pa*) heißt wörtlich »brennen«, eine »brennende« Aggressivität.

104 *Verachtung* kommt durch sprachliche Handlungen zum Ausdruck.

105 Es gibt fünf Arten von *falscher Lebensführung*: auf falsche Art seinen Lebensunterhalt zu verdienen durch Betrug (Tib: *tshul 'chos)*, Schmeichelei (Tib: *kha gsak*), impliziertes Verlangen (Tib: *gzhoms slong*), Machtmissbrauch (Tib: *thob kyi 'zal ba)* und falsche Freigebigkeit (Tib: *rnyed pas rnyed pa 'dod pa*).

106 *Mangelnder Selbstrespekt* (Tib: *khrel med pa*) bedeutet auch Schamlosigkeit.

drei Geistesgifte und stärkt die primären und verwandten emotionalen Verblendungen.

9. ***Rücksichtslosigkeit*** (*an-apatrāpya*) ist, sich ohne Rücksicht auf andere hemmungslos nicht-heilsam zu verhalten. Sie gehört zu den Kategorien der drei Geistesgifte und stärkt alle Formen emotionaler Verblendung.
10. ***Verstellung*** (*mrakṣa*) gehört zu den Kategorien von Verblendung und Anhaftung und beinhaltet, nicht das zu tun, was eindeutig angewiesen wurde, und dabei die eigene Negativität verbergen zu wollen[107]. Sie unterstützt es, nicht bedauern zu können und nicht im Kontakt mit angenehmen [Zuständen] bleiben zu können.[108]
11. ***Geiz*** (*mātsarya*) ist, aufgrund von Begierde an Gebrauchsgegenständen und anderen Dingen, die man besitzt, energisch festzuhalten. Sie bewirkt, Besitz nicht hergeben zu können.
12. ***Selbstüberheblichkeit*** (*mada*) ist, aus Vergnügen und Anhaftung selbstzufrieden mit Gesundheit, Jugendlichkeit und anderem Vortrefflichen zu prahlen, das der eigene, getrübte Geistesstrom besitzt. Sie unterstützt die primären und verwandten emotionalen Verblendungen.
13. ***Mangelndes Vertrauen*** (*a-śrāddhya*) gehört zur Kategorie der Verblendung[109] und beinhaltet, das wahrhaft Gute und die heilsamen Dharmas nicht zu schätzen. Es unterstützt Faulheit.
14. ***Faulheit*** (*kausīdya*) ist das Verlangen nach ausstrecken, anlehnen und anderen schädlichen, bequem erscheinenden Handlungen[110], wodurch es im Einsatz für das Heilsame an Begeisterung man-

107 Bei der *Verstellung* wird im Gegensatz zur *Rücksichtslosigkeit* die Negativität direkt verneint, selbst wenn sie offensichtlich ist. Daher kann sie auch nicht *bedauert* (und bereinigt) werden.

108 Übersetzt nach dem Kommentar von KNü, wo es auf Tibetisch heißt: *'gyod pa dang bde ba la reg par.*

109 *Verblendung* bedeutet hier, z. B. die Qualitäten der Drei Juwelen, die Funktionsweise von Handlungen und die Wahrheiten nicht erkennen zu können, wodurch das *Vertrauen* keine Stabilität hat.

110 *Bequem erscheinende Handlungen* werden nicht-heilsam, wenn sie uns vom heilsamen Handeln abhalten.

gelt und Schlaffheit aufkommt. Sie ist nicht förderlich für freudige Ausdauer.

15. ***Nachlässigkeit*** (*pramāda*) ist, aufgrund der drei Geistesgifte und der sie begleitenden Faulheit nicht mehr umsichtig im Ausführen von heilsamen und im Unterlassen von schädlichen Handlungen zu sein. Als Gegenteil von Gewissenhaftigkeit stärkt sie das Nicht-Heilsame und schwächt das Heilsame.

16. ***Verwirrtes Gedächtnis*** (*muṣita-smṛtitā*) ist, unklar in Hinsicht auf eine heilsame Absicht zu sein und diese zu vergessen. Es ist eine verwirrte, mit emotionaler Verblendung einhergehende Achtsamkeit, die der [wahren] Achtsamkeit zuwiderläuft. Sie unterstützt Abgelenktsein im Geist.

17. ***Mangelnde Bewusstheit*** (*a-samprajanya*) ist eine abgelenkte, mit emotionaler Verblendung einhergehende Einsicht, die sich in unüberlegten, ohne Bewusstheit ausgeführten Aktivitäten der drei Tore zeigt. Sie unterstützt das Entstehen von Abstürzen[111].

18. ***Dumpfheit*** (*styāna*) gehört zur Kategorie der Verblendung und ist ein schwerfälliger Zustand von Körper und Geist. Sie führt zu einem innerlichen Rückzug, verbunden mit der Unfähigkeit, sich zu konzentrieren, und unterstützt emotionale Verblendungen.

19. ***Wildheit*** (*auddhatya*) gehört zur Kategorie der Begierde, die verlockenden Eigenschaften nachstellt; sie bewirkt mangelnde geistige Flexibilität und Unruhe, da der Geist zu den Objekten abschweift. Sie verhindert ruhiges Verweilen[112].

20. ***Abgelenktsein***[113] (*vikṣepa*) gehört zu den Kategorien der drei Geistesgifte und ist geistiges Wandern und Hin- und Herbewegen in Bezug auf Objekte, wodurch ein einsgerichtetes Verweilen im Heil-

111 *Abstürze* (Tib: *ltung*) bezieht sich auf das Übertreten von Gelübden.
112 *Ruhiges Verweilen* (Skt: *śamatha*, Tib: *zhi gnas*).
113 *Abgelenktsein* oder »völlige Ablenkung« (Tib: *rnam par gyeng ba*).

samen unmöglich wird. Abgelenktsein wird weiter unterschieden, je nachdem, ob es sich auf Äußeres, Inneres, Merkmale, usw. richtet.[114]

Diese zwanzig sind verwandte emotionale Verblendungen, weil sie Unterformen der primären Emotionen sind und diesen verwandt sind.

Die **vier veränderlichen Geistesfaktoren** (*a-niyata-caitasika*):

1. ***Schlaf*** (*middha*) beinhaltet, dass sich das Bewusstsein der fünf Sinnestore durch die Ursachen für das Einschlafen[115] nach innen wendet und nicht mehr unterscheidet, ob etwas zum Beispiel heilsam oder nicht-heilsam, angemessen oder unangemessen, rechtzeitig oder nicht rechtzeitig ist. *Schlaf* gehört zur Kategorie der Verblendung und unterstützt den Verlust von Aktivität.
2. ***Bedauern*** (*kaukṛtya*) ist mentale Niedergeschlagenheit aufgrund von Unzufriedenheit über frühere Handlungen. Es verhindert geistige Stabilität.
3. ***[Grobes] Überprüfen*** (*vitarka*) ist das Formulieren beobachteter Dinge durch das eingehend suchende Mentale, gestützt auf *Interesse* und *Einsicht*. Dabei handelt es sich nur um ein vages, allgemeines Erfassen von Objekten in ihren groben Umrissen, so wie beim Wahrnehmen einer weit entfernten Form, wo nicht zu unterscheiden ist, ob es sich um eine Tonschale oder eine Vase handelt.
4. ***[Genaue] Analyse*** (*vicāra*) ist das ins Einzelne gehende mentale Betrachten dieser Objekte, gestützt auf *Interesse* und *Einsicht*, wodurch feine Besonderheiten entsprechend erfasst werden, so wie beim Erkennen, dass es sich um eine neue, unbeschädigte Vase handelt.

114 *Abgelenktsein* wird in den Mahayana-Sutras sechsfach unterteilt: auf *Äußeres*, *Inneres*, *Merkmale*, nicht-heilsame Zustände, den Wunsch, sich aus Samsara zu befreien oder die Abwesenheit von Gedanken gerichtet.

115 *Ursachen für das Einschlafen* sind z. B.: körperliche Erschöpfung, zu viel gegessen zu haben und das Erreichen der Zeit der Nachtruhe.

Sie werden die vier »veränderlichen« Geistesfaktoren genannt, weil sie aufgrund von spezifischen Motivationen und Absichten entweder heilsam, schädlich oder unbestimmt sein können.

Diese Geistesfaktoren beschreiben, was die allgemeinen Unterschiede zwischen der großen Geistesgrundlage *(mahā-bhūmika)*[116] und den heilsamen und schädlichen Geistesfaktoren ausmacht. Wir sollten aber wissen, dass es aufgrund von besonderen Formen des Erfassens, wie verschiedener *Interessen* und *Unterscheidungen*, viele zusätzliche Ausformungen gibt, wie Trauer und Frohsinn, Schwermut und Leichtigkeit, Geduld und Ungeduld und dergleichen.

Sie alle gehören zu den »mit Geist einhergehenden Gestaltungen«.

Phänomene, die keine den Geistesfaktoren entsprechenden Gestaltungen sind, die als etwas Zusammengesetztes eingestuft werden müssen und weder in der Kategorie der Materie (*kanthā*) noch des Bewusstseins enthalten sind, werden »nicht mit Geist einhergehende Gestaltungen« genannt.

Demzufolge gilt es zu verstehen, dass alles Zusammengesetzte einer von drei Kategorien angehört: der Materie, dem Bewusstsein oder dem »Nicht-Einhergehenden«. Was aus Teilchen besteht, ist Materie. Was klar und gewahr ist, ist Bewusstsein. Alles Zusammengesetzte, das keines von beiden ist, zählt zu den nicht-einhergehenden Gestaltungen[117].

nicht rein Geist/Form – Mischform

Was sind diese nicht [mit Geist] einhergehenden Gestaltungen?

116 Die *große Geistesgrundlage* besteht aus den ersten zehn Geistesfaktoren, d. h. dem grundlegenden Geistesstrom, der von den (11) heilsamen und (26) nicht-heilsamen *Geistesfaktoren* gefärbt wird.

117 Entsprechend der Vaibhashika-Sichtweise haben die *nicht-einhergehenden Gestaltungen* eine »eigene Substanz« und können somit eine Funktion ausführen. Gemäß der Sautrantika- und Mahayana-Sichtweise handelt es sich um bloße Benennungen von *Dharmas*, bei denen *Materie* und *Bewusstsein* beteiligt sind.

Das neue Erlangen gewisser heilsamer, nicht-heilsamer und unbestimmter Phänomene[118] im Geistesstrom, die zunächst nicht vorhanden waren, sowie das Besitzen des Fortbestehens dieses Erlangten, werden ***Erlangtes (1)***[119] (*prāpti*) genannt. Da dieses Phänomen dem Geistesstrom angehört und zusammengesetzt ist, wird es »nicht-einhergehende Gestaltung« genannt.

Entsprechend wird das Abnehmen und Verschwinden von etwas im Geistesstrom Erlangten, wie z. B. etwas Heilsames, ***Nicht-Erlangtes (2)*** (*a-prāpti*) genannt.

Gemeinsamer Anteil oder ***entsprechende Klasse (3)*** wird das Phänomen des gemeinsamen Anteils bei der Geburt in einer der verschiedenen Klassen von fühlenden Wesen genannt.[120]

Meditative Ausgeglichenheit ohne Unterscheidungen (4) (*a-saṃjñi-samāpatti*) tritt auf, wenn jemand frei von Anhaftung an [den Bereich] »Große Verdienste«[121] ist, ohne aber frei von Anhaftung an die [beiden] darüber liegenden Bereiche zu sein. Dabei führt ein Bewussthalten vorübergehend zum Aufhören (*nirodha*) der unbeständigen Fortdauer von Geist[122] und Geistesfaktoren (*a-sthāvarānāṃ-cittacaitasikānām*) sowie der daran beteiligten sechs Sinneswahrnehmungen.

118 …wie Gelübde und dergleichen. (KNü)

119 Es gibt zwei Arten des *Erlangens*: »neuerlangt« und »fortdauernd in Besitz sein«. Es geht hier auch um den Prozess des *Erlangens* von Gelübden, bei dem Körper (Materie) und Geist (Bewusstsein) beteiligt sind.

120 Diese *Klassen* beinhalten auch Untergruppen, wie z. B. Katzen und Hunde bei den Tieren oder Staatsangehörigkeiten bei den Menschen. Es geht darum zu erkennen, dass Materie, Bewusstsein und auch diese nicht-einhergehenden Gestaltungen keine unabhängige Existenz haben und zusammengesetzte *Dharmas* sind – dies unterstützt den Prozess des Auflösens von ichbezogenem Stolz und der Illusion einer unabhängig existierenden Identität als Person oder Gruppe.

121 *Große Verdienste* (Tib: *dge rgyas*) ist ein Götterbereich im Bereich der Form, die dritte und höchste Stufe des dritten Dhyanabhumis.

122 Die *unbeständige Fortdauer von Geist* bezieht sich auf die ersten sechs Arten von Bewusstsein der achtfachen Gruppe, die zum *Stillstand* kommen. Die verbleibenden Arten von Bewusstsein bilden eine beständige Fortdauer. Dies bedeutet, dass alle Sinneswahrnehmungen (1–5) und das Mentale (6) zum Stillstand kommen, wobei die Ichbezogenheit (7) und das dualistische Alaya-Bewusstsein (8) weiter fortbestehen. Ein Mensch kann etwa drei bis vier Wochen in

Dieses zeitweilige Aufhören von Geist und Geistesfaktoren, was bisher nicht vorhanden war, wird durch die Kraft meditativer Ausgeglichenheit neu erlangt, und beim Hervorkommen [aus diesem Zustand] wird es [wieder] zum Aufhören gebracht. Obwohl es dabei ein Entstehen und zum Aufhören bringen gibt, ist dieses Phänomen weder Materie noch Bewusstsein, und gehört somit zu den nicht einhergehenden Gestaltungen.

Abwesenheit von Unterscheidungen (5)[123] (*asaṃjñikā*) entsteht ebenso durch den Impuls meditativer Ausgeglichenheit und führt zu Wiedergeburt unter den Göttern (*deva*) ohne unterscheidende Wahrnehmung.

Meditative Ausgeglichenheit des Aufhörens (6) (*nirodha-samāpatti*) ist, über den Geisteszustand »Gipfel der Existenz« hinauszugehen. Die vorangehenden Unterscheidungen des Nicht-Selbst und die geistige Ruhe führen zum Aufhören aller unbeständigen Geistesfaktoren und auch einiger der beständigen, dem emotional verblendeten Mentalen[124] zugehörigen Geistesfaktoren.

Es ist wichtig zu verstehen, dass diese [zuletzt genannten] drei »nicht einhergehenden Gestaltungen«, solange sie andauern, die Kraft haben, Geist und Gestaltungen zum Aufhören zu bringen. Da jedoch der beständige All-Grund nicht von der [beschriebenen] Abwesenheit von Unterscheidungen und den beiden [erwähnten] Arten meditativer

diesem Zustand bleiben, ohne Nahrung aufzunehmen, und fällt dann, aufgrund der physischen Beschaffenheit des Körpers, wieder aus diesem Zustand heraus.

123 *Abwesenheit von Unterscheidungen* im Götterbereich der Form ist ein Zustand, der sehr lange andauert, weil hier kein menschlicher Körper mehr vorhanden ist, sondern ein Lichtkörper, der die [Sinnes-]Fähigkeiten von Geschmack und Geruch nicht hat und kein Essen oder Trinken benötigt. Daraufhin werden auch die verbleibenden Fähigkeiten losgelassen, was zur Geburt im formlosen Götterbereich führt.

124 Das *emotional verblendete Mentale* ist das siebte Bewusstsein der achtfachen Gruppe. Es verbleibt nur noch das achte Bewusstsein, der All-Grund. Aufgrund der Abwesenheit des *emotional verblendeten Mentalen* gibt es keine Ichbezogenheit mehr, und der Praktizierende ist befreit vom Daseinskreislauf.

Ausgeglichenheit zum Aufhören gebracht wird, kann Geist durch seinen Einfluss wieder entstehen.

Lebensfähigkeit (7) (*jīvitendriya*), auch Lebenszeit genannt, bezeichnet eine definierte Zeitspanne, während der die Lebewesen in ihrer entsprechenden Kategorie [von Lebewesen] durch den Einfluss ihrer früheren Handlungen bleiben können[125].

Geburt (8) (*jāti*) ist das gegenwärtige Entstehen aller Gestaltungen, die vorher nicht entstanden sind.

Verweilen (9) (*sthiti*) ist das Andauern dieser Kontinuität.

Altern (10) (*jarā*) ist der Wandel dieser Kontinuität.

Unbeständigkeit (11) (*a-nityatā*) ist die Vergänglichkeit dieser Kontinuität.

Diese [zuletzt genannten] vier werden die »vier Merkmale, die alles Zusammengesetzte kennzeichnen« genannt.

Die Gruppe der Namen (12) (*nāma-kāya*) wie »Säule« oder »Vase« sind einfach Zeichen, welche die [allgemeine] Natur eines Objekts ausdrücken.

Die Gruppe der Satzglieder (13) (*pada-kāya*) sind vertretende [Wortgruppen], welche die Verbindung der [allgemeinen] Natur eines Objekts mit seinen Besonderheiten aufzeigen.

Die Gruppe der Buchstaben (14) (*vyañjana-kāya*), wie z. B. der einzelne Buchstabe »A«, bildet die Grundlage für das Bilden von Namen und Satzgliedern.

Obwohl diese [zuletzt genannten] drei in den Klängen[126] der Stimme enthalten sind, gehören sie zu den Phänomenen der Gestaltungen – sie verbinden bloße Klänge und Eigenheiten mit den geistigen Zeichen[127] und haben die Fähigkeit, das Ausgedrückte zu vermitteln.

125 Die *Lebensfähigkeit* ist, was die Lebensdauer angeht, karmisch nicht fest vorbestimmt und kann durch die Bedingungen des Lebens verändert werden.

126 *Klänge* gehören zum Skandha der Form.

127 *Geistige Zeichen* beziehen sich auf die mentalen Abbilder der entsprechenden Objekte.

In der *Abhidharma-Schatzkammer* werden lediglich diese 14 [nicht einhergehenden Gestaltungen] erwähnt. Im *Abhidharma-Kompendium* finden sich zusätzlich noch:

Gewöhnliche Person (15) (*pṛthagjana*) bezieht sich auf diejenigen, die nicht die Kapazitäten der Edlen erlangt haben. Dies ist eine Art von Individuen[128], es ist eine Benennung für etwas, was aus Materie und Bewusstsein besteht.

Fortsetzung (16) (*pravṛtti*) bezieht sich auf die ununterbrochene Fortdauer[129] von Ursache und Wirkung[130].

Bestimmte Verschiedenheiten (17) (*pratiniyama*) bezieht sich auf Unterschiede in Ursache und Wirkung.

Zusammenhängende Verbindung (18) (*yoga*) bezieht sich auf die Entsprechung von Ursache und Wirkung.

Schnelligkeit (19) (*java*) bezieht sich darauf, wie schnell Ursachen und [darauffolgende] Wirkungen hervorkommen.

Aufeinanderfolge (20) (*anu-krama*) bedeutet, dass die Ursachen und Wirkungen jeweils nacheinander auftauchen.

Zeit (21) (*kāla*) bezieht sich auf einen Umstand der Dauer[131] des kontinuierlichen Auftretens von Ursachen und Wirkungen.

Ort (22) (*deśa*) wird so bezeichnet[132] aufgrund des Vorhandenseins von Ursache und Wirkung in der Gesamtheit der zehn Richtungen.

128 *Individuen* (Tib: *gang zag*, Skt: *pudgala*).

129 Die *ununterbrochene Fortdauer*, wie z. B. das Erwachsenwerden einer Person, die den Eindruck hat, immer noch die gleiche Person zu sein. Diese *Fortsetzung* der Erscheinungen des Daseinskreislaufs kann nicht gestoppt werden, sie kann nur in ihrer wahren Natur erkannt werden.

130 Die verschiedenen Aspekte von *Ursache* und *Wirkung* existieren letztendlich nicht wirklich. Wir erfahren sie in unserem Leben, und indem wir sie annehmen und tiefer verstehen, wird Befreiung möglich.

131 Die *Zeit*, die es *dauert*, bis eine Ursache zu ihrer Wirkung gekommen ist, z. B. ein Same, der zur Pflanze wird.

132 *Orte bezeichnen* z. B. Länder, Völker, Gegenstände usw., alles, was sich an einem bestimmten Ort befindet.

Anzahl (23) (*saṃkhyā*) wird den einzelnen, unterschiedlichen Gestaltungen (*saṃskāra*) zugeschrieben, nachdem sie gezählt wurden.

Gruppierung (24) (*sāmagrī*) bezieht sich auf einen Umstand, bei dem die Bedingungen von Ursache und Wirkung zusammenkommen.

Bei diesen 24 [nicht mit Geist einhergehenden Gestaltungen] wird deutlich, dass Phänomene, die entsprechend den Umständen von Materie und Bewusstsein bezeichnet werden, zum Zusammengesetzten gehören. Dabei gilt es zu verstehen, dass es viele gibt, die weder der Materie noch dem Bewusstsein zugeordnet werden können.

5. Das Skandha des Bewusstseins *(vijñāna-skandha)*

Das Skandha des Bewusstseins[133] erkennt die jeweilige [allgemeine] Natur der Objekte unter allen Phänomenen.

Es wird in die sechsfache Gruppe[134] eingeteilt, vom Sehbewusstsein bis zum mentalen Bewusstsein.

Dies beinhaltet das kognitive[135] Erkennen der [sichtbaren] Formen, aufgrund der Fähigkeit der Augen als Hauptbedingung, usw., bis hin zum kognitiven Erkennen der Objekte des Dhatus mentaler Objekte – seiner eigenen Objekte – und auch aller anderen Objekte [der anderen Sinnesfähigkeiten], aufgrund der mentalen Fähigkeit als Hauptbedingung.

Die Sutras und Abhandlungen der Nur-Geist Schule (*cittamātra*) gehen von einer achtfachen Gruppe aus:

Ein Aspekt des mentalen Bewusstseins ist ein Geisteszustand ständiger Einbildung, der innerlich auf das All-Grund-Bewusst-

133 *Bewusstsein* (Skt: *vijñāna*, Tib: *rnam par she pa*) kann auch mit »Erkennen von Aspekten (oder Erscheinungen)« übersetzt werden. Es ist (Sinnes-) Objekt-orientiert.

134 Die Einteilung in eine *sechsfache Gruppe* entspricht der *Abhidharma-Schatzkammer.*

135 *Kognition* (Tib: *blo*, Skt: *buddhi* oder *dhī*).

sein Bezug nimmt und mit vier Arten emotionaler Verblendung einhergeht[136]: 1) die Sichtweise, es gäbe ein Selbst (*ātma-dṛṣṭi*), 2) der Stolz, »Ich« zu denken (*asmi-māna*), 3) das Anhaften an einem Selbst (*ātma-sneha*) und 4) Unwissenheit. Es wird das *emotional verblendete Mentale* (*kliṣṭa-manas*) [das siebte Bewusstsein] genannt.

Abgesehen von der Verwirklichung des Pfades der Edlen[137], der meditativen Ausgeglichenheit des Aufhörens und der Stufe (*bhūmi*) des Nicht-Lernens[138] (*aśhaiksha*) begleitet dieser Aspekt den Geist, sei er heilsam, nicht-heilsam oder unbestimmt.

Das *All-Grund-Bewusstsein* (*ālaya-vijñāna*) [das achte Bewusstsein] enthält alle Samen, die von den Skandhas, Dhatus und Ayatanas ~~allumfassend kultiviert~~ (*bhāvanā*) werden. Es ist die Grundlage des Geistes und einfach nur klar und gewahr, ohne eine spezielle Orientierung[139].

Weil es einfach die Samen enthält, die als [äußere] Umwelt, als Objekte und als Körper [von Lebewesen] erscheinen können, wird es »All-Grund« und »aufnehmendes Bewusstsein« (*ādāna-vijñāna*) genannt.

Obwohl sie als Umwelt, Objekte und Körper erscheinen, sind dies, gleich den Erscheinungen in einem Traum, bloße Erscheinungen des All-Grund-Bewusstseins. Daher wird es auch »All-Grund des völligen Reifens« oder »All-Grund-Bewusstsein des völligen Reifens« (*vipāka-vijñāna*) genannt.

Es gibt die Ansicht[140], derzufolge »Geist«, das »Mentale« und »Bewusstsein« einfach eine Liste von Synonymen sind. Einer anderen

136 Diese *vier Arten emotionaler Verblendung* sind *einhergehende Gestaltungen*. Sie haben somit auch die (bereits erklärten) fünf Gemeinsamkeiten, die sich in diesem Fall auf den mentalen Bereich beziehen.

137 Der Eintritt in den *Pfad der Edlen* entspricht dem Pfad des Sehens.

138 Die *Stufe des Nicht-Lernens* entspricht dem letzten der fünf Pfade, d. h. der Verwirklichung des Erwachens.

139 Das All-Grund-Bewusstsein hat an sich keine Orientierung, ist aber Teil der achtfachen Gruppe, weil es die Grundlage der anderen sieben Objekt-orientierten Arten von Bewusstsein ist.

140 Es geht um die drei tibetischen Begriffe *sems*, *yid* und *rnam-shes*, auf Sanskrit: *citta*, *manas* und *vijñāna*. Die erste *Ansicht* findet sich in der *Abhi-*

Ansicht zufolge ist mit »Geist« das All-Grund Bewusstsein gemeint, mit dem »Mentalen« das emotional verblendete Mentale und mit »Bewusstsein« die sechsfache Gruppe.

So beinhalten die fünf Skandhas alle zusammengesetzten Phänomene. Es steht geschrieben, dass sie die Grundlage vieler Aufzählungen und Einteilungen sind, wie zum Beispiel der »Zeiten«. Die Skandhas werden deshalb die »Grundlage für die Zeiten[141] und das Sprechen[142]«, »versehen mit endgültiger Loslösung« *(sa-niḥsāra)* und »versehen mit Ursachen[143]« genannt, und sie werden auch die »vergängliche Stütze[144]«, die »Grundlage der Sichtweisen[145]« und »Existenz« genannt.

Durch *Streben*[146] und *Begierde* kommt es zu völliger Identifikation und somit zu den völlig angenommenen getrübten Skandhas, die auch »versehen mit Kampf[147]«, »Leid« und »Ursprung [des Leids][148]« genannt werden.

Dies war das Kapitel der ausführlichen Darlegung der Skandhas.

dharma-Schatzkammer von *Vasubandhu*, die zweite *Ansicht* findet sich im *Abhidharma*-Kompendium von *Asanga* und in anderen Werken. (KNü)

141 Die drei *Zeiten* werden in Bezug auf die fünf Skandhas definiert, wie z. B. die Bewegung der Sonne.

142 Jede Art des *Sprechens* und alle Gespräche haben die fünf Skandhas als Grundlage.

143 Die *Ursachen* und Wirkungen können anhand der fünf Skandhas erklärt werden.

144 Die *vergängliche Stütze* (Tib: *'jig rten*), oft als »Welt« übersetzt, bezieht sich auf die Vergänglichkeit der fünf Skandhas. Aufgrund ihrer Vergänglichkeit oder Unbeständigkeit können sie in Erscheinung treten.

145 Alle *Sichtweisen* beziehen sich auf die fünf Skandhas.

146 *Streben* nach zukünftigen samsarischen Existenzen in besseren Umständen, bei denen sich die Skandhas wieder fortsetzen.

147 *Versehen mit Kampf* bedeutet, die Skandhas verteidigen zu wollen, wenn sie angegriffen werden.

148 Die Anhaftung an die Skandhas führt zum Absturz in den Daseinskreislauf, der von *Leid* geprägt ist. Wird erkannt, dass ein »Ich« nicht wirklich existiert, dann können die Skandhas zur Grundlage der Befreiung werden.

2. Kapitel
Die 18 Dhatus *(dhātu)*

Zehn der [insgesamt] 18 Dhatus werden vom Skandha der Formen hergeleitet[149]. Welche sind das?

(1–10) Vom Dhatu der Augen bis hin zum Dhatu des Körpers sind es fünf, und von den [visuellen] Formen [über Klänge, Gerüche und Geschmäcker] bis hin zum Spürbaren sind es weitere fünf Dhatus – dies ergibt zehn.

(11–17) Die sieben weiteren sind *Bewusstseins-Dhatus*[150] (*vijñāna-dhātu*): Vom Dhatu des Sehbewusstseins [über das Hör-, Riech-Schmeck- und Körperbewusstsein] bis hin zum Dhatu des mentalen Bewusstseins sind es sechs, und als Siebtes kommt der *mentale Dhatu* (*mano-dhātu*) hinzu. Der *mentale Dhatu* ist die mentale Fähigkeit[151]; sie bringt unmittelbar nach dem Aufhören eines Bewusstseins der sechsfachen Gruppe das mentale Bewusstsein hervor.

(18) Der Dhatu mentaler Objekte [152] (*dharma-dhātu*) beinhaltet die drei Skandhas der Empfindungen, Unterscheidungen und Ge-

149 Diese *zehn* Dhatus finden sich auch im *Skandha der Formen*, sie sind der *Materie* zugeordnet.

150 Die Einteilung in 18 Dhatus beruht auf der Einteilung in die *sechsfache Gruppe* (entsprechend der *Abhidharma-Schatzkammer*).

151 Die *mentale Fähigkeit* ist die Fortsetzung (einzelner Momente) des mentalen Bewusstseins, sie ermöglicht z. B. auch das Entstehen der Begrifflichkeit im *mentalen Bewusstsein*.

152 Der *Dhatu mentaler Objekte* umfasst alle Phänomene (*dharma*), die im mentalen Bewusstsein wahrgenommen werden.

staltungen, zusammen mit den nicht-offenkundigen Formen[153] und allem Nicht-Zusammengesetzten[154].

Das *Nicht-Zusammengesetzte* ist laut *Abhidharma-Schatzkammer* dreifach – (1) *Aufhören durch individuelles Untersuchen* (*pratisaṃkhyā-nirodha*), (2) *Aufhören ohne individuelles Untersuchen* (*a-pratisaṃkhyā-nirodha*), sowie (3) *Raum* (*ākāśa*) – deshalb wird [bei dieser Sichtweise] von sieben *Dhatus mentaler Objekte* gesprochen.

Die Anhänger der Nur-Geist-Schule und andere[155] fügen noch die *Soheit* (*tathātā*) als viertes Nicht-Zusammengesetztes [Phänomen] hinzu, und das *Abhidharma-Kompendium* erwähnt [in diesem Zusammenhang] *drei Soheiten*: die (4) des *Heilsamen*, (5) des *Nicht-Heilsamen* und (6) des *Unbestimmten*, sowie der beiden zeitweiligen Zustände des Aufhörens von Geist: (7) die *meditative Ausgeglichenheit ohne Unterscheidungen* und (8) die *meditative Ausgeglichenheit des Aufhörens*. Zusammen mit den drei zuvor genannten ergibt das acht Aspekte des Nicht-Zusammengesetzten.

Das *Aufhören durch individuelles Untersuchen*[156] ist ein [Phänomen] des Nicht-Zusammengesetzten und meint ein dauerhaftes Freisein (*visaṃyoga*) von emotioneller Verblendung und anderem Aufzugebenden durch die Einsicht individuellen Untersuchens und anderen Kräften des Weges.

153 Die *nicht-offenkundigen Formen* (Skt: *a-vijñapti-rūpa*, Tib: *rnam par rig byed ma yin pa'i gzugs*) sind hier entsprechend der *Abhidharma-Schatzkammer* die elfte Ergebnis-Form (Siehe Kapitel der Skandhas).

154 Bis auf das *Nicht-Zusammengesetzte* enthalten die 18 Dhatus die zusammengesetzten Phänomene, die auch in den Skandhas enthalten sind. Das *Nicht-Zusammengesetzte* wird hier nun genauer definiert.

155 *Die Anhänger der Nur-Geist-Schule und andere* sind die Anhänger des großen Fahrzeugs.

156 Das *Aufhören durch individuelles Untersuchen* bezieht sich auf den Zustand eines Arhats, bei dem die Ich-Anhaftung dauerhaft *aufgehört* hat, wodurch die anderen Formen emotionaler Verblendung und die daraus entstehenden Handlungen und Existenzen im Daseinskreislauf dauerhaft aufhören.

Das *Aufhören ohne Untersuchen* ist kein zum Aufhören gebracht haben durch individuelles Untersuchen. Hingegen ist dies kraft unvollständiger Ursachen und Bedingungen wie etwas, das es nirgends gibt – wie Hörner auf einem Pferdekopf[157]. Es beinhaltet alle Arten von Abwesenheiten – wie die Abwesenheit einer Vase an einem bestimmten Ort, und Ähnliches.

Raum kann nicht als Form bezeichnet werden; er macht alle Vorgänge möglich, ohne sie dabei zu verhüllen.

Die *Soheit der Phänomene*[158], wie die Soheit des Heilsamen usw.[159], ist der Dharmadhatu[160].

Die *meditative Ausgeglichenheit ohne Unterscheidungen* ist Unerschütterlichkeit.[161]

Die *meditative Ausgeglichenheit des Aufhörens* ist das Aufhören von Unterscheidungen und Empfindungen.[162]

Die fünf Formen des Ayatanas mentaler Objekte[163], die drei Skandhas der Empfindungen, Unterscheidungen und Gestaltungen und die acht [Phänomene] des Nicht-Zusammengesetzten – diese

157 »Dies ist so, wie wenn das Sehbewusstsein abgelenkt ist und (zur gleichen Zeit) kein anderes Bewusstsein entsteht – dieses und andere Beispiele finden sich in den Kommentaren zum Haupttext.« (KNü)

158 Die *Soheit der Phänomene* ist ein Synonym für die wahre Natur der Phänomene.

159 Mit *heilsam* usw. sind die drei Aspekte heilsam, nicht-heilsam und unbestimmt gemeint. Allen diesen Formen von Geistesfaktoren liegt die Soheit zugrunde.

160 Der *Dharmadhatu* (Skt: *dharma-dhātu*, Tib: *chos kyi dbyings*).

161 *Unerschütterlichkeit* (Skt: *āniñjya*, Tib: *mi gyo ba*) bedeutet, durch die Kraft des *Erlangens* der *meditativen Ausgeglichenheit ohne Unterscheidungen* sich nicht in andere Bereiche des Daseins (Tib: *khams*) bewegen oder dahin übergehen (Tib: *pho ba*) zu können. (KNü)

162 Diese letzten beiden Arten von *meditativer Ausgeglichenheit* finden sich auch im Kapitel der Skandhas, d. h. als zusammengesetzte Phänomene; sie entstehen und vergehen. Hier werden sie als etwas Nicht-Zusammengesetztes betrachtet, weil die Sichtweise eine andere ist: laut dem *Abhidharma-Kompendium* gibt es, solange diese sehr stabilen Zustände andauern, kein Entstehen und Vergehen von Objekten im Bewusstsein.

163 Die *fünf Formen des Ayatanas mentaler Objekte*: siehe Skandha der Formen.

sechzehn werden [bei dieser Sichtweise] der Dhatu mentaler Objekte genannt.

Bei den 18 Dhatus gibt es drei Gruppen[164] von je sechs Dhatus: vom Dhatu der Augen [bis hin zum mentalen Dhatu], vom Dhatu der [visuellen] Formen [bis hin zum Dhatu mentaler Objekte] und vom Dhatu des Sehbewusstseins bis hin zum [Dhatu des] mentalen Bewusstsein[s].

Bei diesen 18 Dhatus liegt die Bedeutung der sechs Dhatus vom Dhatu der Augen bis zum Dhatu des Mentalen darin, Ursachen (*hetu*), Potentiale (*gotra*) oder Samen (*bīja*) zu sein, die das Erfassen von Objekten bewirken. Ebenso haben die sechs Dhatus von den [visuellen] Formen bis zu den mentalen Objekten die Bedeutung [Ursachen, Potentiale oder Samen für] das Erfasste zu sein, und die sechs Dhatus vom Sehbewusstsein bis zum mentalen Bewusstsein haben die Bedeutung, Ursachen, Potentiale oder Samen für das eigentliche Erfassen der Objekte zu sein[165]. Derart ist die Bedeutung von dem, was »Dhatu« genannt wird: Ursache, Potential oder Same.

Weiterhin heißt es, dass die *sechs Dhatus einer Person* die Dhatus Erde, Wasser, Feuer, Wind, Raum und Bewusstsein sind. Dies sind die Dhatus der vier körperlichen Elementarkräfte[166], des Raumes als die »leeren« Anteile der inneren Höhlungen und des Bewusstseins. So gibt es noch weitere als »Dhatus« bezeichnete Einteilungen, aber es gibt keine, die von ihrem Sinn her nicht in den 18 Dhatus enthalten wären.

Bei weiterer Unterteilung zählen von den 18 Dhatus die zehn Dhatus der fünf [Sinnes-]Fähigkeiten und der fünf [Sinnes-]Objekte, sowie

164 Bei diesen *drei Gruppen* werden die Dhatus nun in einer anderen Reihenfolge angeordnet.

165 In diesem Abschnitt wird deutlich, wie jeweils Fähigkeiten, Objekte und Bewusstsein voneinander abhängig als *Ursachen, Potentiale oder Samen* funktionieren, und dass es dabei kein wirkliches »Ich« oder einen Schöpfer gibt.

166 Diese vier großen *Elementarkräfte* wurden als *Ursache-Formen* im Kapitel des Skandhas der Formen erklärt.

ein Aspekt des Dhatus mentaler Objekte[167] zu den *Dhatus mit Form* (*rūpin*). Die übrigen haben *keine Form* (*a-rūpin*).

Der einzige Dhatu, der *dem Sehvermögen gezeigt* (*sa-nidarśana*) werden kann, sind die [visuellen] Formen. Die übrigen sind *nicht-zeigbar* (*a-nidarśana*).

Sich gegenseitig behindernd (*sa-pratigha*) sind die zehn Dhatus mit Form: die fünf [Sinnes-]Fähigkeiten und die fünf [Sinnes-]Objekte. Alle übrigen sind *nicht-behindernd* (*a-pratigha*).

Ungetrübt (*an-āsrava*) können der mentale Dhatu, der Dhatu des mentalen Bewusstseins und die Geistesfaktoren des Dhatus mentaler Objekte sein, wenn sie zur Wahrheit des Weges gehören, sowie alles Nicht-Zusammengesetzte. Alle übrigen, nicht aufgezählten Dhatus sind *getrübt* (*sāsrava*), weil sie der sich direkt manifestierende Bereich des Entstehens von emotionaler Verblendung sind.

Im *Bereich der Sinnesbegierden* sind alle [18] Dhatus vertreten. Im *Bereich der Form* gibt es [nur] vierzehn, denn die Dhatus der Gerüche, Geschmäcker, des Riech- und Schmeckbewusstseins gibt es dort nicht. Im *Bereich der Formlosigkeit* sind nur Aspekte der letzten drei Dhatus vertreten[168].

Die sieben geistigen Dhatus[169], [visuelle] Formen und Klänge[170], sowie der Dhatu mentaler Objekte – diese zehn haben die drei Eigenschaften *heilsam*, *nicht-heilsam* oder *unbestimmt*. Alle übrigen sind unbestimmt.

167 Dieser Aspekt des *Dhatus mentaler Objekte* sind die *fünf nicht-offenkundigen Formen*, siehe Skandha der Formen.

168 Die *letzten drei Dhatus* sind in diesem Bereich frei von den äußeren Sinneswahrnehmungen und den Geistesfaktoren, die mit dem Bewusstsein der fünf Sinnestore einhergehen.

169 Die *sieben geistigen Dhatus* (Tib: *sems khams bdun*) sind die sechs Dhatus des Bewusstseins (Seh-, Hör-, Riech-, Geschmacks-, Körper- und mentales Bewusstsein) sowie der mentale Dhatu, der unmittelbar nach dem Aufhören der sechsfachen Gruppe das mentale Bewusstsein hervorbringt.

170 Dies bezieht sich z. B. auf die heilsame *Form* einer Buddhastatue oder den unheilsamen *Klang* zornvoller Rede.

[Visuelle] Formen, Klänge, Gerüche, Geschmäcker, Spürbares und mentale Objekte sind die sechs *äußeren* Dhatus. Die übrigen zwölf sind *innere* Dhatus.

Mit Bezug [auf Objekte] (*sālambana*) sind die sieben geistigen [Bewusstseins-]Dhatus sowie, als Teil des Dhatus mentaler Objekte, alle Geistesfaktoren. Alle übrigen sind *ohne Bezug* [auf Objekte] (*an-ālambana*).

Begrifflich (*sa-kalpa*) sind Aspekte des Mentalen und des mentalen Bewusstseins sowie, als ein Teil des Dhatus mentaler Objekte, alle begrifflichen Aspekte der Geistesfaktoren.

Neun Dhatus sind *von den Empfindungen des eigenen Geistesstroms ergriffen* (*upatta*): die fünf [Sinnes-]Fähigkeiten und die inneren [visuellen] Formen, Gerüche, Geschmäcker und [innerlich] Spürbares.

Das Nicht-Zusammengesetzte, als Teil des Dhatus mentaler Objekte, ist *beständig* (*nitya*). Alles andere ist zusammengesetzt und *unbeständig* (*a-nitya*).

Die fünf [Sinnes-]Fähigkeiten, Geist und die Geistesfaktoren sind die *Erfassenden* (*grāhaka*). Alles andere ist das *Erfasste* (*grāhya*).

Die fünf Bewusstseins-Dhatus sind [stets] mit *[grobem] Überprüfen* (*vitarka*) und *[genauer] Analyse* (*vicāra*) versehen[171]. Für das Mentale, den mentalen Dhatu und die Geistesfaktoren gibt es drei Möglichkeiten: Sie können mit *[grobem] Überprüfen* und *[genauer] Analyse* versehen, frei von beiden, oder aber frei von *[grobem] Überprüfen* und versehen mit *[genauer] Analyse* sein. Alle übrigen sind frei von *[grobem] Überprüfen* und *[genauer] Analyse.*

Die zehn Dhatus mit Form sind *Ansammlungen von Teilchen* (*paramāṇu-saṃcata*). Die übrigen sind *keine Ansammlungen* [von Teilchen].

Nur die vier Dhatus der [visuellen] Formen, der Gerüche, der Geschmäcker und des Spürbaren können etwas sein, was *schneidet* oder

171 *[Grobes] Überprüfen* und *[genaue] Analyse* sind zwei der vier veränderlichen Geistesfaktoren, die im Kapitel des Skandhas der Gestaltungen erklärt wurden.

geschnitten wird. Das Gleiche gilt auch dafür, *verbrannt* oder *gewogen* zu werden.[172]

Die zehn Dhatus mit Form und die fünf Arten von [Sinnes-] Bewusstsein, beginnend mit dem Sehbewusstsein, sind durch [den Pfad der] Meditation *aufzugeben*. Bei den drei letzten Dhatus gibt es etwas, das durch [den Pfad des] Sehens oder [den Pfad der] Meditation aufzugeben ist und anderes, das *nicht aufzugeben* ist. So gibt es drei [Aspekte].

Drei Arten des Entstehens werden unterschieden: Die fünf inneren [Sinnes-]Fähigkeiten entstehen aus *völligem Reifen*[173] und durch *Wachstum*. Die sieben geistigen Dhatus sowie alle Geistesfaktoren, als ein Teil des Dhatus mentaler Objekte, entstehen durch eine ihnen *entsprechende Ursache*[174] und aus *völligem Reifen* und sind ein Aspekt der [vorher erwähnten] acht nicht-behindernden Dhatus.

Klänge dauern nicht fort und entstehen deshalb nicht aus völligem Reifen. Die Form einer Kehle und andere Ursachen für das Hervorbringen angenehmer und unangenehmer Töne entstehen jedoch aus völligem Reifen. Bei allen übrigen Dhatus, die beim Zusammenkommen der [Sinnes-]Fähigkeiten vorhanden sind, gibt es die drei Arten des Entstehens: entsprechende Ursache, Wachstum und völliges Reifen. Alle äußeren Dhatus entstehen einzig aus entsprechenden Ursachen.

Entstehen durch Wachstum beinhaltet die *vier Ursachen körperlichen Wachstums*: Nahrung, wohltuende Aktivitäten wie Kum-Nye, Massage und dergleichen, Schlaf und meditative Versenkung.

172 Diese Dhatus *schneiden*, wenn sie wie eine Axt usw. etwas teilen können, und werden *geschnitten*, wenn sie wie Sandelholz usw. geteilt werden können (sie *wiegen*, wenn es sich um eine Waage handelt, usw.). (KNü)

173 *Entstehen durch völliges Reifen* (Skt: *vipāka*, Tib: *rnam smin*) ist ein karmisches Reifen, bei dem karmische »Samen« völlig zu ihrer karmischen Frucht heranreifen.

174 *Entstehen durch eine* (der eigenen Art) *entsprechende Ursache* (Skt: *niṣyanda*, Tib: *rgyu mthun pa*) bedeutet, dass ein Resultat seiner Ursache entspricht, so wie zum Beispiel aus einem Weizenkorn Weizen wächst, oder dass ein Sogegangener das entsprechend Heilsame als Ursache hat.

Alle wachen [Sinnes-]Fähigkeiten haben die Funktion einer tatsächlichen Stütze für das zugehörige Bewusstsein. Wenn die Fähigkeit der Augen Formen wahrnimmt, so wird sie *stützende Fähigkeit* (*sabhāga*) genannt. Sind aber die [Sinnes-]Fähigkeiten der Augen und dergleichen zum Beispiel im Schlaf zurückgezogen, so wird dies *Entsprechung* (*tat-sabhāga*) [der stützenden Fähigkeit] genannt.

Körper höherer Bereiche sind keine Stütze für die Augen niederer Bereiche, weil sie das bessere Auge ihrer eigenen Stufe besitzen. Mit der Fähigkeit der Augen niederer Bereiche können die Formen höherer Bereiche nicht gesehen werden, weil diese subtiler sind. Das Gleiche gilt für die Ohren.

Lebewesen im Bereich der Sinnesbegierden können kraft ihrer Meditation das göttliche Auge (*divya-cakṣus*) oder Ohr (*divya-śrotra*) erlangen. Diese feinen [Sinnes-]Fähigkeiten entstehen aufgrund der Elementarkräfte, die zu dieser Stufe meditativer Stabilität (*dhyāna*) gehören. Sie erscheinen als Begleiter der eigenen Augen oder Ohren und sind ununterbrochen stützende [Sinnes-]Fähigkeiten. Frei von Blindheit, Taubheit und ähnlichen Unvollkommenheiten sehen und hören sie selbst weit entfernte, subtile, und auch verschleierte und verdeckte Formen.

Zudem nehmen die [Sinnes-]Fähigkeiten der ersten Stufe meditativer Stabilität (*dhyāna*) den Bereich der eigenen Stufe sowie den Bereich der Sinnesbegierden wahr, und Gleiches gilt für die weiteren Stufen.

Die Arhats können mit solch einem göttlichen Auge bis hin zu einem tausendfachen Weltensystem zweiter Ordnung[175] (*dvi-sāhasra-loka*) sehen; die nashorngleichen Pratyekabuddhas[176] sehen bis hin zu

175 Ein *tausendfaches Weltensystem* entspricht einem tausendfachen Weltensystem erster Ordnung (Tib: *stong gcig*). Tausend tausendfache Weltensysteme erster Ordnung sind ein *tausendfaches Weltensystem zweiter Ordnung* (Tib: *stong gnyis*).

176 Die *Pratyekabuddhas* (Selbsterwachten) werden mit Nashörnern verglichen, weil sie immer alleine weilen und Erleuchtung alleine verwirklichen.

einem tausendfachen Weltensystem dritter Ordnung[177] (*tri-sāhasra-loka*), und Buddhas können zahllose solcher Weltensysteme sehen.

Es wird erklärt, dass ein göttliches Auge, welches nicht in diesem Leben durch die Kraft der Praxis meditativer Stabilität erlangt wurde, sondern bei der Geburt aus völligem Reifen von früherer Praxis und dergleichen, die Existenzen des Zwischenzustandes[178] nicht sehen kann[179].

Es gilt es zu verstehen, wie die [Sinnes-]Fähigkeiten und Wahrnehmungen der erwähnten und der anderen höheren und niederen Bereiche auf vielerlei Arten entstehen.

Dies war das Kapitel der Dhatus.

177 Tausend *tausendfache Weltensysteme zweiter Ordnung* sind ein *tausendfaches Weltensystem dritter Ordnung* (Tib: *stong gsum*).

178 Der *Zwischenzustand* (Skt: *antarābhava*, Tib: *bar do*).

179 Im *Abhidharmakosha* werden elf Nachteile dieses göttlichen Auges aufgezählt.

3. Kapitel

Die 12 Ayatanas *(āyatana)*

Mit »Dhatu der Augen« und »Ayatana der Augen« (*cakṣur-āyatana*) ist dasselbe gemeint; die Ausdrücke entstammen einfach verschiedenen Klassifizierungen in unterschiedlichen Zusammenhängen. So entsprechen die zehn Dhatus der Form den jeweiligen Ayatanas (1–10); der Dhatu mentaler Objekte entspricht dem Ayatana mentaler Objekte (*dharmāyatana*) und die sieben Bewusstseins-Dhatus zusammen sind das mentale Ayatana (*manāyatana*). Es ergeben sich zwölf Ayatanas[180]: vom Ayatana der Augen und dem Ayatana der [visuellen] Formen bis hin zum mentalen Ayatana (11) und dem Ayatana mentaler Objekte (12).

Die sechs inneren [Ayatanas] (*ādhyātmika*) von den Augen bis zum Mentalen sind die *Erfassenden* (*grāhaka*), und die sechs äußeren [Ayatanas] von den [visuellen] Formen bis zu den mentalen Objekten sind das *Erfasste* (*grāhya*). Sie werden Ayatanas genannt, weil sie mittels Erfassendem und Erfasstem das Entstehen und Entfalten[181] des Bewusstseins in Bezug auf Objekte bewirken.

Die fünf Skandhas enthalten alles Zusammengesetzte, aber nicht das Nicht-Zusammengesetzte. Da das Zusammengesetzte und das Nicht-Zusammengesetzte in den Dhatus und auch in den Ayatanas

180 Alle Phänomene sind in den 18 Dhatus und auch in den *zwölf Ayatanas* enthalten.

181 *Entstehen* und *Entfalten* ist die wörtliche Übersetzung der beiden Silben des tibetischen Begriffs für *Ayatana* (*skye mched*). Die Ayatanas sind voneinander abhängige Bedingungen für das *Entstehen* und *Entfalten* der verschiedenen Arten von Bewusstsein und Geistesfaktoren, in Bezug auf spezifische Objekte.

enthalten sind, ist alles Erkennbare (*jñeya*) in diesen beiden enthalten. Die Kategorien der Dhatus wurden bereits detailliert erklärt, und die Bedeutung der Ayatanas ist analog zu verstehen.

In diesem Kapitel werden nun das Mentale und das Ayatana mentaler Objekte weiter erläutert, um so weitere allgemein übliche Klassifizierungen von konventionellen Bezeichnungen[182] anzusprechen[183].

Das Mentale nimmt die Objekte der Augen usw. wahr, also die [visuellen] Formen und auch die anderen [Objekte]. Es nimmt auch [das Vorhandensein der] fünf [Sinnes-]Fähigkeiten wahr, wobei sich das jeweilige Bewusstsein [den Objekten] zu- oder abwendet[184]. So hat das Mentale alles Erkennbare zum Objekt.

Da der Bewusstseinsstrom zudem, innerlich zu einem einzigen vereint, selbstgewahr[185] ist, hat das *nicht-begriffliche* mentale Bewusstsein nicht nur die fünf Sinnestore, sondern auch das Mentale selbst als Objekt.

Das Mentale hat somit alle Phänomene zum Objekt. Das *begriffliche* Mentale ist von daher in der Lage, konventionelle Bezeichnungen aller äußeren und inneren Phänomene hervorzubringen, wodurch es nicht mehr unwissend bleibt in Hinblick auf alles Erkennbare. Das Mentale ist also das, was alle Phänomene zum Objekt hat, was die Bedeutung aller Phänomene erkennbar macht und was sich einlässt oder abwendet.

182 *Konventionelle Bezeichnungen* (Tib: *tha snyad*) sind Namen und Wörter, die es einer Gruppe von Lebewesen (Deutsch sprechende in diesem Fall) ermöglichen, sich auszudrücken.

183 Im folgenden Abschnitt werden einige Aspekte des korrekten Erkennens (Tib: *tshad ma,* Skt: *pramāṇa*) anhand des elften und zwölften Ayatanas *angesprochen.*

184 Dieses *Zu- oder Abwenden* bedeutet einzelne Objekte anzunehmen oder abzulehnen. (KNü)

185 *Selbstgewahr* (Tib: *rang rig,* Skt: *svasaṃvedana*) bedeutet hier einfach, dass das *nicht-begriffliche mentale Bewusstsein* seiner eigenen Eigenschaft, belebt und wahrnehmend zu sein, gewahr ist.

Ist das Mentale heilsam, sind auch die anderen Arten von Bewusstsein heilsam, und ebenso, wenn es nicht-heilsam ist. Durch die Kraft des Bewussthaltens[186] bewirkt dieses Mentale, dass sich die Wahrnehmung[187] den Objekten zuwendet (*pravṛtti*) oder von ihnen abwendet (*nivṛtti*), usw. Das Mentale ist somit das Oberhaupt. Der Bhagavan bestätigt dies in einem Sutra:

»Den Phänomenen geht das Mentale voraus.
Das Mentale ist geschwind, das Mentale ist das Oberhaupt.«

[(1) Kognition und Erkennbares]

Aus diesem Grund wird alles Wahrnehmende in der Kognition[188] zusammengefasst, und alles Erkennbare ist in den Phänomenen enthalten.

Kognition besteht aus dem Bewusstsein der fünf Sinnestore, die stets nicht-begrifflich sind, und dem Mentalen, das beide [Aspekte] hat: begrifflich und nicht-begrifflich.

[(2) Objekte des nicht-begrifflichen Bewusstseins und Objekte des begrifflichen Bewusstseins]

Die Objekte des nicht-begrifflichen Bewusstseins sind eigenständig in Hinsicht auf Ort, Zeit und Aspekt[189]. Es ist nicht angebracht, die

186 *Bewussthalten* (Tib. *yid byed*, Skt: *manasikāra*) ist eine der *fünf stets vorhandenen Geistesfaktoren*; siehe Skandha der Gestaltungen.

187 Mit der *Wahrnehmung* sind hier ganz allgemein die verschiedenen Arten von Bewusstsein und die Geistesfaktoren gemeint. (KNü)

188 *Kognition* (Tib: *blo*, Skt: *buddhi* oder *dhī*).

189 Die *Objekte des nicht-begrifflichen Bewusstseins* sind an einem bestimmten *Ort*, zu einer *Zeit* und mit einem *Aspekt* gegenwärtig. Die Objekte des begrifflichen Bewusstseins sind an keinem bestimmten *Ort* gegenwärtig, stehen als ein (unbewusster) Prozess mit Vergangenheit und Zukunft in Verbindung und haben keinen speziellen Aspekt (da bei diesem Prozess die verschiedenen Aspekte verbunden werden). (KNü)

diesen Objekten zu einem bestimmten Zeitpunkt eigenen Merkmale mit dem Klang eines Namens zu vermischen[190].

Begriffliche Objekte, wie eine Vase und dergleichen, sind lediglich im mentalen Bereich erscheinende Verallgemeinerungen der einzelnen Sinneserfahrungen der Phänomene. Es ist angebracht, sie mit dem Klang eines Namens zu vermischen, und sie werden deshalb Verallgemeinerung der Objekte (*artha-sāmānya*) oder [Verallgemeinerung der] Objekte und des Klangs (*śabdārtha*) [Verallgemeinerung] genannt: Alle in Zeichen Geübten bringen sie mit dem Klang zusammen, begreifen sie und erschaffen so, durch die Art des Zusammenbringens mit Orten, Zeiten und Aspekten, all die verschiedenen Einteilungen der Phänomene – wie zum Beispiel eine »Vase«.

[(3) Unterteilungen und Einbeziehungen]

Eine weitere konventionelle Bezeichnung ist das Erkennbare. Es ist unterteilt in Wirksames[191] (*bhāva*) und Nicht-Wirksames[192] (*a-bhāva*), wobei das Wirksame weiter in Materie, Bewusstsein und die nicht-einhergehenden Gestaltungskräfte unterteilt ist – sie alle sind in ihrer jeweils übergeordneten [Kategorie] mit einbezogen.

[(4) Überbegriffe und Unterkategorien]

»Erkennbares« und »Wirksames« sind Überbegriffe[193] für »Materie« usw., und »Materie« usw. sind ihrerseits Unterkategorien[194] [des »Erkennbaren« und des »Wirksamen«].

190 Durch das unbewusste *Vermischen* (Tib: *'dres*) der Merkmale dieser Objekte mit einem Namen entsteht der Eindruck eines einzigen, (unabhängig existierenden) äußeren Objekts. Dabei werden auch verschiedene Momente der Wahrnehmung *verbunden*. Das »materielle« Objekt kann eine (konkrete) Funktion erfüllen, im Gegensatz zu begrifflichen Objekten, die keine (konkrete) Funktion erfüllen können.

191 *Wirksames* ist Zusammengesetztes. Es entsteht, besteht und vergeht.

192 *Nicht-Wirksames* ist Nicht-Zusammengesetztes.

193 *Überbegriffe* (Skt: *sāmānya*, Tib: *spyi*).

194 *Unterkategorien* (Skt: *viśesa*, Tib: *bye brag*).

[(5) Substanzielles und Benennungen]

Es gibt aus sich heraus Substanzielles (*dravya-sat*), was unabhängig von Benennungen vorhanden ist, wie z. B. [die Farbe] Blau, und es gibt bloße Benennungen (*prajñapti-sat*), wie z. B. die »Unterkategorien«.

[(6) Begreifen mittels Erscheinung und Begreifen durch Ausschließen]

Jede nicht-begriffliche Wahrnehmung begreift Substanzielles mittels seiner Erscheinung. Die begriffliche Wahrnehmung schließt anderes völlig aus (*apoha*), um das es sich hier nicht handelt[195]: sie begreift alle Benennungen durch Ausschließen, mittels des Ausschließens von anderem (*anyāpoha*), des ausschließenden Entscheidens (*viccheda*) oder des Gegenüberstellens zu anderem (*nivṛtti*). Solche Benennungen werden Gegenüberstellungen (*vyāvṛtti*) genannt.

Es gibt zwei Aspekte des Ausschließens von anderem[196]: (I) Das Ausschließen von anderem bei einem Objekt mit speziellen Merkmalen, wobei [ein Objekt] verbleibt, dessen Natur (*svabhāva*) im Gegensatz zu den speziellen Merkmalen des anderen Objekts steht[197], und (II) das Ausschließen von anderem in der Kognition, die [das Objekt] entsprechend des Ausschließens von anderem begreift.

Durch die Kraft dieses Ausschließens oder des ausschließenden Entscheidens wird alles andere, was keine »Vase« ist, ausgeschlossen, und die »Vase« selbst wird durch einschließendes Entscheiden als solche bestätigt. Auf der Grundlage der Vase entstehen die Klassifizierungen der vielen gegenübergestellten Phänomene. So ist eine Vase zum Beispiel »erschaffen« (*kṛta*) im Gegensatz zum »Nicht-Erschaffenen«

195 Die begriffliche Wahrnehmung bezieht sich nur auf ein Objekt, um es genauer zu erkennen, und kann sich nicht auf viele Objekte gleichzeitig beziehen, wobei alles andere *ausgeschlossen* wird.

196 Hier wird auf die Sichtweise der älteren buddhistischen Schulen des korrekten Erkennens (Loden Sherab) Bezug genommen, die von diesen *zwei Aspekten des Ausschließens von anderem* ausgehen.

197 Dieser erste Aspekt beinhaltet ein natürliches Ausschließen als Funktion des Objektes selbst, so wie zum Beispiel Feuer und Wasser sich gegenseitig ausschließen und nicht am gleichen Ort sein können. Dieser Aspekt wird von den späteren Schulen des korrekten Erkennens (Sakya Pandita) nicht mehr akzeptiert.

(*a-kṛta*), oder »unbeständig« (*a-nitya*) im Gegensatz zum »Dauerhaften« (*nitya*).

[(7) Objekte und Objekt-Habendes]

Das Objekt-Habende[198], die Kognition, hat vier Funktionsweisen: Unverständnis (*a-buddha*), Missverständnis (*mithyā-kalpa*), Zweifel (*vicikitsā*) und korrektes Verständnis (*sambudhhi*).

- Unverständnis hat verschiedene Aspekte, unter denen die beiden Aspekte »Ungewissheit bezüglich einer Erscheinung der direkten Wahrnehmung (*pratyakṣa*)«[199] und »nicht auf verlässlicher logischer Schlussfolgerung (*anumāna*) des korrekten Erkennens (*pramāṇa*) beruhende Annahme«[200] [als Unverständnis] definiert werden, weil sie keine Gewissheit im mentalen Bewusstsein herbeiführen können.
- Missverständnis ist verkehrtes Begreifen.
- Zweifel ist Zwiespältigkeit und Unentschlossenheit.
- Korrektes Verständnis hat zwei Ursachen: korrektes Erkennen durch direkte Wahrnehmung[201] (*pratyakṣa-pramāṇa*) und korrektes Erkennen durch verlässliche, logische Schlussfolgerung (*anumāna-*

198 Das *Objekt-Habende* (Skt: *viṣayin*, Tib: *yul can*) könnte auch als »Subjekt« übersetzt werden. Dabei geht allerdings das Verständnis des tibetischen Wortes verloren und es wird – abhängig vom Verständnis des Wortes »Subjekt« – etwas Neues erschaffen, wovon hier nicht die Rede ist.

199 Diese Art von *Ungewissheit* bedeutet z. B., ein Objekt nicht richtig verstehen zu können oder geistig auf etwas anderes konzentriert zu sein, wobei das Objekt nicht richtig erkannt wird.

200 Diese Art von *Annahme* ist eine Vermutung, die sich als falsch herausstellt, wie zum Beispiel die Annahme, dass sich Wasser in einem tiefen, ausgetrockneten Brunnen befindet, bei dem der Boden nicht sichtbar ist. (KNü)

201 *Direkte Wahrnehmung* (Tib: *mngon sum*, Skt: *pratyakṣa*) ist immer frei von verwirrenden Komplikationen (Tib: *'khrul ba min pa*), d. h. nicht aus begrifflicher Aktivität in Verbindung mit einer mentalen Verallgemeinerung entstanden. Es gibt vier Arten von *direkter Wahrnehmung*: (stets nicht-begriffliche) Sinneswahrnehmungen, nicht-begriffliche mentale Wahrnehmungen, Selbstgewahrsein (*svasaṃvedana*) und yogisches Gewahrsein. Selbstgewahrsein kann dualistisch oder non-dual sein, yogisches Gewahrsein ist immer non-dual.

pramāṇa). Beide haben als Resultat Entschiedenheit (*cchedañā*) und Gewissheit (*niścaya-jñā*).

Unter den Objekten gibt es (I) erscheinende Objekte (*pratibhāsa-viṣaya*), sie sind Objekte der nicht-begrifflichen Wahrnehmung, wie z. B. eine [visuelle] Form, und (II) festgehaltene Objekte (*adhyavasāya-viṣaya*), sie sind von der begrifflichen Wahrnehmung als Objekt festgehaltene Verallgemeinerungen der Objekte.

Beide werden im Hinblick auf eine Person, die sich ihnen zuwendet (*pravṛtti*) und von ihnen abwendet (*nivṛtti*), »Objekte des Sich-Einlassens« (*pravṛtti-viṣaya*), und im Hinblick auf die Kognition, in der sie erfasst werden, »erfasste Objekte« (*grāhya-viṣaya*) genannt.

Soweit zu den Einteilungen der Objekte und dem Objekt-Habenden.

[(8) Gegensätzliches und Verbundenes]

Unter den Klassifizierungen von Gegensätzlichem und Verbundenem gibt es zwei Arten von Gegensätzlichem (*virodha*):

(I) Gegensätzliches, das nicht gleichzeitig vorhanden sein kann (*sahānavasthā-virodha*) bedeutet, dass die Kontinuitäten sich nicht in ihren Kapazitäten entsprechen[202]. Hierbei gibt es zwei Aspekte: a) Gegensätzliches in der Kognition, wie das Festhalten an einem Selbst oder Nicht-Selbst, wie auch b) Gegensätzliches im Objekt, wie das Spürbare »heiß« oder »kalt«.

(II) Gegensätzliches, das sich gegenseitig ausschließt (*anyonya-parihāra*), hat ebenfalls zwei Aspekte: a) direkt Gegensätzliches, wie Dauerhaftigkeit und Unbeständigkeit, und b) indirekt Gegensätzliches, zwischen dem, was das eine durchdringt[203] (*vyapti*), und dem Gegensätzlichen des anderen, wie Dauerhaftigkeit und Erschaffenheit.

202 *Die Kontinuitäten entsprechen nicht den Kapazitäten* bedeutet, dass eine *Kapazität* die andere auflöst und beide nicht zusammen fortbestehen können.

203 *Durchdringen* bedeutet, dass sich die Vergänglichkeit und die Erschaffenheit gegenseitig von ihrer Bedeutung her *durchdringen*, wodurch die Dauerhaftigkeit, die im Widerspruch zur Vergänglichkeit steht, somit auch zur Erschaffenheit im Widerspruch steht.

Es gibt zwei Arten von Verbundenheit (*sambandha*):

(I) Verbundenheit durch Wesensgleichheit (*ekātma-sambandha*) findet sich zum Beispiel bei Erschaffenheit und Unbeständigkeit, deren Gegensätze zwar verschieden sind[204], deren Natur (*svabhāva*) aber, was zum Beispiel das Phänomen Vase angeht, nicht verschieden[205] ist.

(II) Verbundenheit im Entstehen[206] (*tad-utpatti-sambandha*) findet sich zum Beispiel bei Feuer und Rauch.

[(9) Merkmal, Definiertes und Grundlage]

Es gibt eine dreifache Einteilung in Merkmal, Definiertes und Grundlage:

- Die Definition einer »Vase« geschieht über das definierende Merkmal »bauchige Form«.
- Das Definierte ist die konventionelle Bezeichnung der Einordnung als »Vase«.
- Die Grundlage ist das Erfassen der Eigenheiten des zu Definierenden – eine bauchige, hohle Form aus Gold – als Grundlage der Bestätigung der beiden vorherigen Aspekte [Merkmal und Definiertes].[207]

[(10) Eigenschaften und Eigenschaften-Habendes]

Die weitere Einordnung geschieht hinsichtlich der Grundlage der Besonderheiten, das Eigenschaften-habende (*dharmin*). Bei einer Vase kommen hier zum Beispiel all ihre weiteren Eigenschaften (*dharma*)

204 Ihre *Gegensätze sind verschieden*, weil sie jeweils aus unterschiedlichen direkten Gegensätzlichkeiten hergeleitet wurden.

205 *Erschaffenheit* und *Unbeständigkeit* sind in ihrer Natur miteinander verbunden, sie sind untrennbar in Hinsicht auf ein Objekt (Vase), und somit nicht *verschieden* voneinander.

206 *Verbundenheit im Entstehen* ist eine bedingte Verbundenheit, bei der eine Verbindung von Ursache und Wirkung besteht.

207 Alle drei *Aspekte* sind nötig, um ein Objekt wahrnehmen zu können: die das Objekt definierenden *Merkmale*, ein Name in Bezug zum *definierten* Objekt und ein Beispiel als *Grundlage* der beiden vorherigen Aspekte.

hinzu, wie Rand, Bauch und Henkel sowie ihre Erschaffenheit und Unbeständigkeit usw.

[(11) Ausgedrücktes und Ausdrückendes]

Weiterhin gibt es Einteilungen in das Ausgedrückte (*vācya*) und das Ausdrückende (*vācaka*).

Alle Zeichen (*sāṃketa*) werden mit den Objekten verbunden, indem das begrifflich erfasste, äußere Objekt und die in der Kognition erscheinende Verallgemeinerung des Objekts, d. h. die Erscheinung und ihre Benennung, vermischt werden.

Genauer untersucht ist das wirklich durch den Klang des Namens Ausgedrückte die Verallgemeinerung des Objekts und das festgehaltene Ausgedrückte sind die besonderen Merkmale des Objekts; das wirklich Ausdrückende ist die Verallgemeinerung des Klangs und das festgehaltene Ausdrückende sind die besonderen Merkmale des Klangs.

Das begriffliche Mentale vermischt[208] den Klang und die Verallgemeinerung des Klangs zu einem Ausdrückenden, und vermischt das Objekt und die Verallgemeinerung des Objekts zu einem Ausgedrückten: so wird mit den ausdrückenden Worten die Bedeutung des Ausgedrückten verstanden.

So gibt es weitere von ihrer Bedeutung her übereinstimmende Unterteilungen von konventionellen Bezeichnungen, auf deren Grundlage die Bedeutung des Erkennbaren nicht unerkannt bleibt.

[(12) Wahrgenommenes, Ausgedrücktes und Ausgeführtes]

Diese konventionellen Bezeichnungen werden dreifach unterteilt in jeweils durch den Geist[209], die Rede und den Körper »wahrgenommene«, »ausgedrückte« und »ausgeführte« konventionelle Bezeichnungen.

208 Das jeweilige unbewusste *Vermischen* dieser verschiedenen Aspekte ist Ausdruck der Verwirrung.

209 *Durch den Geist wahrgenommene konventionelle Bezeichnungen* können auch eine Art von direkter geistiger Kommunikation sein.

In Hinblick auf die Ursachen für des Erschaffen von konventionellen Bezeichnungen gibt es vier Arten:

Die konventionellen Bezeichnungen des Sehens entstehen aus direkter Wahrnehmung durch ein Sinnesbewusstsein, die konventionellen Bezeichnungen des Hörens aus vertrauenswürdigen Worten, die konventionellen Bezeichnungen des Unterscheidens aus eigener mentaler Analyse[210], und die konventionellen Bezeichnungen der Erfahrung aus Selbstgewahrsein[211].

Außerdem gibt es die »konventionellen Bezeichnungen der Art der Bestätigung«, die vier Aspekte des Bestätigens und Widerlegens: das Bestätigen von etwas als Zustand[212] oder Anwesenheit[213], und das Widerlegen von etwas als abwesend[214] oder nicht-existent[215].

So, wie es hier erläutert wurde, sollen die Klassifizierungen der konventionellen Bezeichnungen verinnerlicht werden.

Es sei noch hinzugefügt, dass bei der Klassifizierung der Skandhas, Dhatus und Ayatanas das Skandha der Formen zehn Ayatanas bzw. Dhatus beinhaltet[216], sowie einen Teil[217] des Ayatanas mentaler Objekte bzw. des Dhatus mentaler Objekte. Daher heißt es, dass diese Formen

210 Dies kann zum Beispiel die Analyse der Aussage »alle zusammengesetzten Phänomene sind unbeständig« sein.

211 Die Ursache sind hier tiefe Meditationserfahrungen von *Selbstgewahrsein*, die vom Praktizierenden ausgedrückt werden.

212 *Bestätigen als Zustand* entspricht dem Verb »sein«, z. B.: »Alle Phänomene sind ungeboren«.

213 *Bestätigen als Anwesenheit* entspricht dem Verb »haben«, z. B.: »Alle Wesen haben die Buddha-Natur«.

214 *Widerlegen als abwesend* bringt eine neue Idee mit ein, z. B.: »Wir haben keinen Experten unter uns« bedeutet, dass sich der Experte woanders befinden kann.

215 *Widerlegen als nicht-existent* bringt keine neue Idee mit ein, z. B.: »Das Ich existiert nicht« oder »Es gibt keine Hasen mit Hörnern«. Dies bedeutet, dass das »Ich« und solche »Hörner« (auch woanders) nicht existieren.

216 Diese *zehn Ayatanas bzw. Dhatus* sind die fünf [Sinnes-]Fähigkeiten und fünf Objekte.

217 Dieser *Teil* sind die *fünf nicht-offenkundigen Formen*, siehe Skandha der Formen.

des Ayatanas mentaler Objekte den fünf Skandhas angehören und nicht nur den [visuellen] Formen unter den fünf [Sinnes-]Objekten.

Es ist nicht im Widerspruch dazu, der konventionellen Bezeichnung zu folgen, dass Scheinformen (*pratibimba*), Echos (*pratiśruta*) und dergleichen lediglich Objekte des Augen- und Ohrenbewusstseins seien. Doch da sie keinerlei eigene Merkmale besitzen, sei es Form oder Klang, sind sie eigentlich nur klare Erscheinungen ohne Existenz[218]. Sie sind [von daher] in den Formen des Ayatanas mentaler Objekte enthalten, und nicht in den Ayatanas der Formen und Klänge.

Es heißt, dass es bei den Formen als einem der fünf Skandhas nur drei Kategorien gibt:

1. Sichtbare (*sa-nidarśana*), hindernde (*sa-pratigha*) Formen, wie zum Beispiel die Form einer Vase oder einer Säule.
2. Unsichtbare (*a-nidarśana*), hindernde Formen[219], die subtil und transparent sind, wie das Sonnenlicht, und die sich im Inneren der sichtbaren Stütze der [Sinnes-]Fähigkeiten befinden, wie zum Beispiel im Auge. Obwohl gewöhnliche Menschen sie mit ihren [Sinnes-]Fähigkeiten nicht erfassen können, werden diese Formen als hindernd betrachtet.
3. Unsichtbare, nicht-hindernde (*a-pratigha*) Formen, was den nicht-offenkundigen Formen entspricht.

Obwohl nur diese drei erklärt wurden, ist die konventionelle Bezeichnungen angebracht [als vierte Kategorie], »sichtbare, nicht-

218 Sie sind *klare Erscheinungen*, die mit den [Sinnes-]Fähigkeiten wahrgenommen werden, aber *Scheinformen, Echos und dergleichen* sind selbst nicht das eigentliche Objekt. Wie beim Mond, der im Wasser widergespiegelt wird: es entsteht der Anschein eines Mondes, aber der Mond ist nicht wirklich dort.

219 Sie sind *unsichtbar*, aber *hindernd*, bedeutet, nicht sichtbar mit den gewöhnlichen [Sinnes-]Fähigkeiten, aber eventuell manipulierbar mit entsprechenden technischen Geräten (z.B. bei einer Augenoperation).

hindernde Formen« für die Scheinformen (*pratibimba*) hinzuzufügen[220].

Das Skandha des Bewusstseins umfasst das mentale Ayatana und die [sechs] Bewusstseins-Dhatus, wodurch es in sieben Aspekte zusammengefasst wird.

Die anderen drei Skandhas [Empfindungen, Unterscheidungen, Gestaltungen] und die Formen des Ayatanas mentaler Objekte, der eine Aspekt des Skandhas der Formen, sowie das Nicht-Zusammengesetzte gehören dem Ayatana mentaler Objekte bzw. Dhatu mentaler Objekte an.

All diese lassen sich in drei [Aspekte] zusammenfassen: Skandha der Formen, mentales Ayatana und Dhatu mentaler Objekte.

Sie werden auch zusammengefasst als die fünffache Grundlage des Erkennbaren (*jñeya-vastu*):

1. Die *Grundlage der erscheinenden Formen* (*pratibhāsa*) entspricht den vorherigen Erklärungen zum Skandha der Formen.
2. Die *Grundlage des führenden Geistes* (*śreṣṭhā*) ist die sechs- oder achtfache Gruppe.
3. Die *Grundlage der begleitenden Geistesfaktoren* sind alle Geistesfaktoren, das heißt die 51 Geistesfaktoren mitsamt Empfindungen und Unterscheidungen.
4. Die [Grundlage der] *nicht* [mit Geist] *einhergehenden Gestaltungen* wurde bereits erklärt.
5. Die *Grundlage des Nicht-Zusammengesetzten* versteht sich entsprechend den vorherigen Erklärungen zum Dhatu mentaler Objekte.

Das war das Kapitel der Ayatanas.

220 *Scheinformen* sind *sichtbare, nicht hindernde Formen*: wie der Mond, der im Wasser widergespiegelt wird, aber nicht greifbar ist.

4. Kapitel

Abhängiges Entstehen *(pratītya-samutpāda)*

Was ist dieses abhängige Entstehen[221]? Es bedeutet, dass es unter den äußeren und inneren[222] Phänomenen keine gibt, die ohne eine Ursache (*hetu*) entstanden wären[223]. Sie sind [auch] nicht aus einem Selbst (*ātman*), der Zeit (*kāla*), dem Allmächtigen[224] oder einer anderen Ursache – etwas ewig Bewirkendem – entstanden[225], da dies keine Ursachen sind: Die Phänomene treten in Erscheinung aufgrund des Zusammenkommens der ihnen entsprechenden, abhängig entstandenen

221 *Abhängiges Entstehen* (Tib: *rten 'bral*); der ausführliche Begriff *rten cing 'bral bar 'byung ba* bedeutet »Erscheinung aufgrund des Vorhandenseins von Stützen und ihrem Zusammenwirken«. Die Stützen sind Ursachen und Umstände, die ebenfalls abhängig entstandene Erscheinungen sind. Diese Erscheinungen des Daseinskreislaufs sind durch drei Merkmale gekennzeichnet: sie entstehen, bestehen und vergehen.

222 Die *äußeren und inneren Phänomene* sind die Welt als »Behälter« und die dort lebenden Wesen als »Inhalt«.

223 Das *Entstehen ohne Ursache* bezieht sich auf nicht-buddhistische, nihilistische Sichtweisen. Traditionell wird die alte indische Philosophie der Charvakas als Beispiel genannt. Das Argument dieser Sichtweise ist, dass alles, was nicht durch direkte Wahrnehmung bestätigt werden kann, nicht existiert. Dies entspricht materialistischen Sichtweisen, die es auch heutzutage gibt.

224 Der Allmächtige (Skt: *īśvara,* Tib: *dbang phyug*) ist bekannter mit seinem geläufigeren Namen *Shiva* (Skt: *śiva*).

225 Dieser Satz bezieht sich auf die eternalistischen Sichtweisen, die als *Ursache* etwas Äußeres (wie zum Beispiel einen Schöpfergott) oder etwas Inneres, *ewig Bewirkendes* (Tib: *byed po rtag pa*) annehmen – wie zum Beispiel die Sichtweise der Sāṃkhyas (*puruṣa* und *prakṛti* als Ursprung von Bewusstsein und Materie) und der Jains (unabhängig existierendes Karma als Ursache des Daseinskreislaufs).

Ursachen und Bedingungen (*pratyaya*). Dies wird abhängiges[226] Entstehen genannt. Die Affirmation eines solchen Prinzips ist ein außergewöhnlicher (*asādhāraṇa*) Ansatz der Lehre Buddhas.

Genauer gesagt entstehen die äußeren Phänomene in Abhängigkeit, so wie ein Keim (*aṅkura*) aus einem Samen (*bīja*) wächst, usw. Die inneren Phänomene, alle Skandhas von höheren, niederen und sich dazwischen befindenden Lebewesen[227], entstehen auf die Art der zwölf Glieder abhängigen Entstehens (*dvādaśāṅga*).

Wie geschieht dies?

Das Verständnis des äußeren Entstehens in Abhängigkeit wird veranschaulicht am Beispiel des Hervorkommens eines Keims usw. aus einem Samen, was durch sieben in Zusammenhang stehende Ursachen (*hetū-pāṇibandha*) und sechs in Zusammenhang stehende Bedingungen (*pratyayo-pāṇibandha*) geschieht.

Die [sieben] im Zusammenhang stehenden Ursachen sind der Same, der Keim, die Keimblätter, die Stammröhre, die Knospe, die Blüte und die Frucht. Sie sind so dargelegt worden aus der Perspektive der sich fortsetzenden Ursachen, die nacheinander hervorkommen als jeweils vorhergehende und darauffolgende Ursachen.

Die [sechs] im Zusammenhang stehenden Bedingungen sind die Erde, das Wasser, das Feuer, der Wind, der Raum und die Zeit, die dieser Reihenfolge nach stützen, binden, zur Reife bringen, ausweiten, Möglichkeiten eröffnen und fortschreitende Veränderung ermöglichen.

226 Der Begriff *abhängig* (Tib: *'bral ba)* kann auch als *Verbindung* übersetzt werden und ist Inhalt vieler Debatten unter den Vertretern der verschiedenen Sichtweisen. Die meisten nicht-buddhistischen Philosophien gehen davon aus, dass Ursache, Wirkung und ihre *Verbindung* jeweils unabhängig voneinander existieren. Nach buddhistischer Sichtweise hat auch die *Verbindung* keine wahre Existenz und bezieht sich auf zwei Aspekte: 1) Aus einer Ursache entsteht die entsprechende Wirkung und 2) die Verbindung gleicher Natur, d. h. so wie zum Beispiel die Sonnenstrahlen von gleicher Natur sind wie die Sonne, und Tschenresi (Skt: *avalokita*, Tib: *spyan ras gzigs*) von gleicher Natur wie die Leerheit.

227 Dies bezieht sich auf die *höheren* Bereiche (der Götter und Halbgötter), die *niederen* Bereiche (der Tiere, Hungergeister und Höllenwesen) und den sich *dazwischen befindlichen* Bereich der Menschen. (KNü)

Diese gleichzeitig wirkenden Bedingungen tragen zum siebenteiligen Entstehen vom Keim bis zur Frucht bei[228].

Für das innere Entstehen in Abhängigkeit gibt es die zwölf Glieder oder in Zusammenhang stehenden Ursachen. Welche sind das?

Dazu heißt es in einem Sutra[229]:

»Was wir das abhängige Entstehen nennen, verhält sich wie folgt: Weil dies vorhanden ist, kommt jenes hervor; weil dies entstanden ist, entsteht jenes[230]. Die Unwissenheit bedingt die Gestaltungen, die Gestaltungen bedingen das Bewusstsein, und so verhält es sich auch bei allem Weiteren: Name und Form, die sechs Ayatanas, der Kontakt, die Empfindungen, das Verlangen, das Ergreifen, das Werden und die Geburt setzen sich fort bis hin zu Altern und Sterben. So entstehen Elend (*śoka*), Klagen (*parideva*), Leid (*duḥkha*) und unangenehme mentale [Empfindungen], sowie alle Arten des Aufgewühltseins. Auf diese Weise entsteht einzig und allein dieses große Skandha von Leid! Durch das Aufhören der Unwissenheit werden die Gestaltungen aufhören, und so verhält es sich auch bei allem weiteren: Durch das Aufhören der Geburt werden Altern und Sterben, Elend und alles andere, was zu diesem einzigen, großen Skandha gehört, aufhören.«

[Erklärung der einzelnen 12 Glieder:]

– Die Bedeutung der Wahrheiten (*satya*) wird nicht erkannt und es besteht eine Verblendung durch verkehrtes, nicht im Einklang mit der Natur der Dinge stehendes Begreifen (*viparyāsa*) der Skandhas[231]

228 Die *im Zusammenhang stehenden Bedingungen* müssen komplett vorhanden sein, um den Entwicklungsprozess zu ermöglichen, der durch die *im Zusammenhang stehenden Ursachen* veranschaulicht wird. Alle *Ursachen* und *Bedingungen* sind, wie alle Phänomene, in Abhängigkeit entstandene Erscheinungen.

229 Dieses Zitat stammt aus dem Reiskeimling-Sutra (*śālistamba-sūtra).*

230 Der erste Teil dieses Satzes bezieht sich auf das innere Entstehen und der zweite Teil auf das äußere Entstehen in Abhängigkeit.

231 Die *Skandhas* sind abhängig entstandene Phänomene und haben keine wirkliche Existenz – diese Wahrheit wird nicht erkannt.

der eigenen Ebene unter den drei Daseinsbereichen[232], indem sie als dauerhaft, als angenehm, als ein Selbst, als ein Ganzes, als ein Einzelnes, als ein Lebewesen oder als »meins« usw. unterscheidend wahrgenommen werden. Es ist ein völliges Konzeptualisieren (*pari-kalpa*), welches die wahre Bedeutung verschleiert – dies ist es, was (1) ***Unwissenheit*** (*avidyā*) genannt wird.

- Wenn diese an einem Selbst festhaltende (*ātma-grāha*) Unwissenheit vorhanden ist, entstehen unter ihrem Einfluss die durch Anhaftung, Abneigung und Unwissenheit hervorgerufenen Handlungen: verdienstvolle (*kuśala*) und heilsame (*puṇya*), nicht-verdienstvolle (*a-kuśala*) und nicht-heilsame (*a-puṇya*) sowie unerschütterliche[233] (*āniñjya*) Handlungen. So werden im Bewusstsein die Samen der erneuten Existenzen ausgesät, was (2) ***Gestaltungen*** genannt wird: Heilsame Handlungen gestalten die Stütze der höheren Bereiche und Angenehmes, nicht-heilsame Handlungen gestalten die Stütze der niederen Bereiche und Leid, und unerschütterliche Handlungen gestalten eine erneute Existenz in den beiden höheren Bereichen.
- Diese Gestaltungen bringen das (3) ***Bewusstsein*** (*vijñāna*) hervor, welches sich zum Geburtsort der zukünftigen Existenz begibt. Der in die erneute Existenz vorantreibende und in das Bewusstsein[234] abgelegte Same wird »vorantreibendes Bewusstsein«[235] (*ākṣepaka-vijñāna*) genannt. Nachdem die Bedingungen zusammenkommen sind, wird das, was zum Geburtsort des Werdens führt, das »vorangetriebene Ergebnis-Bewusstsein« (*ākṣipta-vijñāna*) genannt. Beide [Aspekte] sind vereint in ihrer Bedeutung, das Glied des Bewusstseins zu sein, welches die erneute Existenz erzeugt.

232 Die *drei Daseinsbereiche* sind der Bereich der Sinnesbegierde, der Formbereich und der formlose Bereich, deren Erscheinungen alle aus dieser grundlegenden *Unwissenheit* entstehen.

233 *Unerschütterliche Handlungen* entstehen durch meditative Versenkung und führen ausschließlich in die Existenzen der höheren Bereiche.

234 Hier ist mit *Bewusstsein* das All-Grund-Bewusstsein gemeint.

235 Das *vorantreibende Bewusstsein* ist der Ursache-Aspekt, der aus Handlungen (Karma) erzeugte Same.

- Wenn durch den Einfluss des Bewusstseins die Verbindung mit einer neuen Gebärmutter geschaffen wird, so ist dies das Glied von (4) ***Name und Form*** (*nāmarūpa*): die vier Namen[236] – das Bewusstsein, die Empfindungen, die Unterscheidungen und die Gestaltungen – zusammen mit der sie begleitenden Form des »Weichen« (*arbuda*), usw.[237] Sie stützen sich gegenseitig, gleich einem aus Stäben errichteten Zelt[238], und bilden auf diese Art den Körper der Existenz.
- Wenn die Entwicklungsphase von Name und Form vollendet ist, entstehen die Augen und die anderen Aspekte der inneren sechs (5) ***Ayatanas*** (*āyatana*).
- Anschließend kommen die drei Aspekte Objekt, Fähigkeit und Bewusstsein zusammen, das einschließende Entscheiden[239] des sich verändernden Objekts. Es entstehen die sechs Arten des Kontakts, das Zusammenkommen [von Objekt, Fähigkeit und Bewusstsein] der Augen usw. – dies ist das Glied des (6) ***Kontakts*** (*sparśa*).
- Aus diesem Kontakt entstehen die Erfahrungen (*upabhoga*) der drei Arten von angenehmen, leidvollen und ausgeglichenen Empfindungen – dies ist das Glied der (7) ***Empfindungen*** (*vedanā*).
- Auf der Grundlage der Empfindungen entsteht das begehrende Verlangen[240] (*kāma-tṛṣṇa*) des Wunsches, von den angenehmen Emp-

236 Sie werden *Namen* genannt, weil diese vier Skandhas nur als Name und nicht substanziell vorhanden sind.

237 Das »*Weiche« usw.* bezieht sich auf die verschiedenen Stadien des Wachstums bis hin zum voll entwickelten Fötus.

238 Bei dem *aus Stäben errichteten Zelt* (oder Tipi) entsprechen die Stäbe den Skandhas, d. h. die fünf Skandhas sind immer komplett vorhanden bei einer neuen Existenz. Selbst in den formlosen Bereichen sind die Samen für zukünftige Körper vorhanden.

239 Laut Kommentar: *...wodurch das zum* äußeren *Objekt gewordene mit dem einschließend Entschiedenen,* den Formen usw., *und dem Auge zusammenkommt.* (KNü)

240 Es gibt zwei Arten von *begehrendem Verlangen*: *Verlangen nach Existenz* in den beiden höheren Bereichen in Bezug auf innere Objekte (d. h. meditative Versenkungszustände), und *Verlangen nach [Sinnes-]Objekten* im Bereich der Sinnesbegierde in Bezug auf innere und äußere Objekte (d. h. Körpersinneserfahrungen und äußere [Sinnes-]Objekte).

findungen nicht getrennt zu sein, das beängstigende Verlangen des Wunsches, die unangenehmen Empfindungen loszuwerden, und ein gleichgültiges Verweilen bei ausgeglichenen Empfindungen. So entsteht ein Verlangen bezüglich der sechs Arten von Objekten, von den [visuellen] Formen bis zu den mentalen Objekten. Kurz gesagt: Aufgrund der Empfindungen wird der »Geschmack« der Objekte erfahren, es entstehen Vergnügen und Anhaften und dadurch eine Verbindung mit den Objekten. Dies ist das Glied des (8) ***Verlangens*** (*tṛṣṇa*), und es gibt drei Arten: das Verlangen im Bereich der Sinnesbegierde, im Formbereich und im formlosen Bereich, sowie weitere Einteilungen.

- Aus diesem Verlangen heraus wächst das stark anhaftende Verlangen noch weiter an: »Möge ich von dem Gefälligen und Angenehmen nicht getrennt sein!«. Das Annehmen und tatsächliche Verbinden mit Objekten ist das Glied des (9) ***Ergreifens*** (*upādāna*). Dieses Glied kann weiterhin in vier Arten des völligen Ergreifens eingeteilt werden: in Bezug auf [Objekte der] Begierde, auf Sichtweisen, darauf, eine Disziplin oder eine asketische Praxis für das Höchste zu halten, und auf die Affirmation [der Existenz] von einem »Ich«.
- Aufgrund des Ergreifens manifestieren sich die Handlungen des Körpers, der Rede und des Geistes, welche die zukünftige Existenz erschaffen – dies ist das Glied des (10) ***Werdens*** (*bhava*). Es gibt die drei Arten des Werdens der jeweiligen drei Daseinsbereiche[241], sowie weitere Einteilungen.
- Wenn durch die Kraft des Werdens die Bedingungen[242] zusammengekommen sind, bilden die zuerst stattfindende, eigentliche Ge-

241 Das *Werden der jeweiligen drei Daseinsbereiche* (im Bereich der Sinnesbegierde, der Form und im formlosen Bereich) bezieht sich hier auf den Zwischenzustand (Bardo) zwischen den Existenzen. Im formlosen Bereich geschieht dies von einem Moment zum nächsten, d. h. ohne wirkliche Zeitdauer.

242 Es gibt drei hauptsächliche *Bedingungen*: das Bewusstsein sucht nach einem Geburtsort und den karmisch entsprechenden Eltern, es trifft auf intakte Keimzellen und es hat die Fähigkeit, in die Gebärmutter einzutreten. »Fähigkeit« umfasst die Abwesenheit von Hindernissen (wie z. B. Empfängnisverhütung) und

burt[243] am Geburtsort der erneuten Existenz, das Vervollständigen des Körpers und das Verbleiben in der »entsprechenden Gruppe«[244] (*nikāya-sabhāga*) das Glied der (11) ***Geburt*** (*jāti*). Es ist die Grundlage der Erfahrung von allem an diese Stütze gebundenen Leid.

- Auf die Geburt folgt das (12) ***Altern*** (*jarā*), die Veränderung der Kontinuität der Skandhas[245], und es folgt der ***Tod*** (*maraṇa*), das Aufhören dieser Kontinuität. Dies beinhaltet das Elend von inneren, umfassenden Qualen (*paridāha*), die daraus entstehenden ausgesprochenen Worte des Klagens, das mit dem Bewusstsein der fünf Tore einhergehende Leid, die mit dem mentalen Bewusstsein einhergehenden unangenehmen mentalen [Empfindungen] und auch das aus all den nahestehenden Emotionen entstehende unangenehm empfundene Aufgewühltsein. Kurz gesagt: Dieses immense, einzig aus Leid bestehende Skandha entsteht aufgrund der Geburt im Daseinskreislauf.

Die Geburt entsteht ferner aus dem Werden sowie den anderen Gliedern. Es erscheint die konventionelle Bezeichnung: »Aufgrund des Vorhandenseins der jeweils vorhergehenden Glieder gibt es die jeweils folgenden«. Das Hervorkommen der vorhergehenden Glieder bewirkt das Hervorkommen der folgenden. Wenn die vorhergehenden Glieder nicht vorhanden sind und nicht hervorkommen, dann entstehen auch die folgenden nicht und kommen nicht hervor, wodurch dieses Skandha von Leid aufhört (*nirodha*).

das Entwickeln der »gegensätzlichen Unterscheidung«, d. h. das Entwickeln von Eifersucht gegenüber den zukünftigen Eltern. Ein zukünftiger Junge entwickelt dabei Anhaftung an die Mutter und Abneigung gegen den Vater, ein zukünftiges Mädchen Anhaftung an den Vater und Abneigung gegen die Mutter.

243 Die *eigentliche Geburt* ist der Moment der Empfängnis, wenn das Bewusstsein in die Gebärmutter eintritt und sich mit den Keimzellen verbindet.

244 Nach dem Verlassen der Gebärmutter *verbleibt* das Neugeborene in seiner *entsprechenden Gruppe*, z. B. als Mensch im Menschenbereich.

245 Der Prozess des *Alterns*, d. h. *die Veränderung der Kontinuität der Skandhas*, beginnt nach der Geburt.

Die im Zusammenhang stehenden Bedingungen: Unwissenheit und die weitere emotionale Verblendung entsteht unter anderem in Begleitung der Objekt-Bezugspunkte (*ālambana-viṣaya*) und der inneren [Sinnes-]Fähigkeiten. Mit den Handlungen verhält es sich genauso.

Die siebenfache Grundlage des Leids[246] – Name und Form und die anderen Glieder – wird aus den gleichzeitig wirkenden Umständen (*sahakāri-pratyaya*) der sechs Dhatus hervorgebracht: dem inneren[247] Erde-Dhatu (Festigkeit), dem Wasser-Dhatu (Feuchtigkeit), dem Feuer-Dhatu (Hitze, die Nahrung verdaut, usw.), dem Wind-Dhatu (Ein- und Ausatmen usw.), dem Raum-Dhatu (innere, öffnende Höhlungen) und dem Bewusstseins-Dhatu.

Das Augenbewusstsein wird von fünf gleichzeitig wirkenden [Umständen] hervorgebracht: der [Sinnes-]Fähigkeit der Augen als Stütze, der [visuellen] Form als Bezugspunkt, der Sichtbarkeit der Erscheinung[248], dem nicht verhüllenden Raum[249] und dem absichtlichen Bewussthalten[250] (*manasikāra*). Es gilt zu verstehen, dass es sich bei den anderen Arten des Bewusstseins entsprechend verhält.

[Allgemeine Erklärungen zum äußeren und inneren Entstehen in Abhängigkeit:]

Demzufolge entstehen all die äußeren und inneren Phänomene nicht, wenn unter der notwendigen Ansammlung ihrer entsprechenden Ursachen und Bedingungen eine beliebige davon nicht vorhanden ist.

246 Die *siebenfache Grundlage des Leids* besteht aus den Gliedern Bewusstsein, Name und Form, Ayatanas, Kontakt, Empfindungen, Geburt, Alter und Tod. Diese Glieder sind alle an einer leidvollen Erfahrung beteiligt.

247 Diese Dhatus sind *innere* Dhatus, weil sie als grundlegende Beschaffenheiten des Körpers als »mein« oder »zu mir gehörend« angenommen werden. Das Bewusstsein wird dabei gewöhnlich als »Ich« betrachtet.

248 *Die Sichtbarkeit der Erscheinung* bedeutet z. B., dass sich ein visuelles [Sinnes-]Objekt nicht in völliger Dunkelheit befindet.

249 *Nicht verhüllender Raum* bedeutet, dass die Sicht auf das Objekt nicht von etwas anderem behindert ist.

250 *Absichtliches Bewussthalten* bedeutet, dass eine Absicht besteht, etwas zu betrachten. (KNü)

Wenn sie vollständig sind, dann entstehen die Phänomene mit Gewissheit. Das ist das Prinzip des abhängigen Entstehens.

Seit anfangsloser Zeit gibt es nichts Bewirkendes bei diesem fortdauernden Ablauf, sei es ein Selbst, der Allmächtige oder irgendetwas anderes. Die Ursachen haben nicht den Gedanken: »Die entsprechenden Resultate werden hervorkommen!« und die Resultate haben nicht den Gedanken: »Ich wurde davon hervorgebracht!«. Dennoch manifestiert sich das abhängige Entstehen von Ursache und Wirkung gemäß fünf Besonderheiten.

Welche sind sie?

- Es gibt keine Dauerhaftigkeit[251], da der Keim nicht hervorkommt, solange der Same nicht aufhört vorhanden zu sein, und der Keim hervorkommt, nachdem der Same nicht mehr vorhanden ist.
- Es gibt keine Unterbrechung[252], da das Aufhören des Samens keine Unterbrechung einer Kontinuität ist, aus der etwas entsteht. Das Aufhören des Samens und das Hervorkommen des Keims treten ohne eine Unterbrechung in Erscheinung, wie das Auf- und Abschwingen einer Balkenwaage.
- Es gibt keinen Übergang[253] vom Vorhergehenden zum Nächsten, weil Same und Keim, was die Natur und Funktion dieser beiden angeht, nicht identisch sind.
- Eine kleine Ursache bringt eine große Wirkung hervor[254], so wie ein winziger Same eine größere Frucht erbringt.

251 *Keine Dauerhaftigkeit* bezieht sich auf den Wandel (vom Samen zum Keim), und dies widerlegt auch die Sichtweise, dass es einen getrennten, *dauerhaften* Schöpfer der Phänomene gibt.

252 *Keine Unterbrechung* bezieht sich auf das gleichzeitige Entstehen dieses Prozesses, und dies widerlegt auch die nihilistische Sichtweise, dass die Phänomene ohne Ursache entstehen.

253 *Kein Übergang* bedeutet, dass sich das Eine nicht in das Nächste wandelt und widerlegt die eternalistische Sichtweise, bei der die Dinge aus sich selbst heraus entstehen.

254 *Eine kleine Ursache bringt eine große Wirkung hervor* widerlegt die Sichtweise, dass Ursache und Wirkung von gleicher Dimension oder Größe sind.

- Bei Ursache und Wirkung besteht eine Kontinuität der Gleichheit oder eine Entsprechung[255] [der Wirkung bezüglich] der Ursache, so wie ein Weizenkeim von einem Weizensamen stammt und Angenehmes von Heilsamem.

Anhand dieser fünf Besonderheiten gilt es alle inneren und äußeren Ursachen und Wirkungen zu erkennen.

Welches sind die entsprechenden Gleichnisse? Dazu gibt es das folgende Zitat:

»Wie eine Rezitation[256] (*svādhyāya*), eine Butterlampe[257] (*dīpa*), ein Spiegel[258] (*darpaṇa*), ein Siegel (*mudrā*), ein Feuerkristall (*arkakānta*), ein Same (*bīja*), ein saurer Geschmack (*amla*) und ein Klang (*ghoṣa*) – ein Pandita sollte die Neuverbindung der Skandhas[259] auch als ein Nicht-Übergehen verstehen«.

Dies gilt es dieser Darlegung entsprechend zu erkennen.

Wer dies verstanden hat, der erkennt, dass alle diese Phänomene nur die unfehlbare Manifestation des abhängigen Entstehens sind: Sie sind ungeboren (*a-jāta*), da sie weder durch sich selbst (*svatas*), durch etwas anderes (*paratas*), durch beides oder ohne Ursache (*a-hetu*) hervorkommen. Sie sind nicht erschaffen (*a-kṛta*), weder durch die Zeit, noch durch den Allmächtigen oder etwas anderes Bewirkendes. Es gibt keine Natur (*svabhāva*) des Lebens, des Individuums (*pudgala*),

255 *Kontinuität* oder *Entsprechung* widerlegt die Sichtweise, dass die Phänomene aus einer anderen Ursache entstehen.

256 Wenn ein Schüler *eine Rezitation* von seinem Lehrer erlernt, gibt es keine Übertragung der Fähigkeit, es geschieht in einem Prozess von Ursachen und Bedingungen.

257 Wenn mit einer brennenden *Butterlampe* (oder Kerze) eine andere angezündet wird, gibt es keine Übertragung einer Flamme. Die Flamme der ersten Butterlampe ist dabei nicht erloschen, d. h. sie hat nicht aufgehört.

258 Wenn das eigene Gesicht in einem *Spiegel* betrachtet wird, so wird dabei das Gesicht nicht in den Spiegel übertragen.

259 Die Skandhas verbinden sich erneut im Moment der Empfängnis.

des Handelnden (*kāraka*), des Selbst (*ātma*) und der Phänomene – sie sind Ansammlungen[260], fiktiv[261] und ohne Eigennatur (*prakṛti*).

Wer dies erkennt, ist frei von Schwankungen, wie zum Beispiel der Vorstellung eines Selbst in Vergangenheit, Gegenwart und Zukunft.

Jenen, die im Besitz einer Geduld[262] sind, die bewirkt, dass diese [Schwankungen] zukünftig nicht mehr entstehen, wird die unübertreffliche Erleuchtung (*anuttara-bodhi*) von allen Buddhas prophezeit werden[263].

[Ausführliche Erklärungen zum inneren Entstehen in Abhängigkeit:]

Solange die Unwissenheit[264] nicht beseitigt ist, setzen sich die zwölf Glieder des abhängigen Entstehens kontinuierlich fort. Unwissenheit und Gestaltungen – die vergangenen Ursachen – bringen das vorangetriebene Ergebnis-Bewusstsein hervor, worauf Verlangen und Ergreifen – die emotionalen Verblendungen – die zur Wiedergeburt

260 *Ansammlungen* wie zum Beispiel ein Strohballen oder eine Gebetskette (Mala). Diese bestehen nur aus einer Ansammlung von Strohhalmen oder Perlen und sind nicht mehr vorhanden, wenn die Bestandteile entnommen werden, die selbst auch zusammengesetzte Phänomene sind.

261 *Fiktiv* wie eine (Schaufenster-)Figur oder, im Kommentar von KNü, ein ausgestopfter Löwe.

262 *Geduld* bedeutet hier, die ungeborene, leere Natur tief angenommen (oder akzeptiert) zu haben, was in drei Stufen geschieht: Die begriffliche Gewissheit (durch Studium und Kontemplation) auf den neun Stufen des Pfades der Ansammlung, ein Erkennen (in Meditation) auf der dritten Stufe des Pfades der Verbindung und ein direktes Verwirklichen auf dem Pfad des Sehens.

263 Es gibt drei *Prophezeiungen,* die der Reihe nach auf der zweiten *Stufe* des *Annehmens* (z.B. im Traum), auf der dritten Stufe (in direkter Vision) und auf der achten Bodhisattva-Stufe (als definitive Bestätigung der Verwirklichung) auftreten.

264 Diese *Unwissenheit* hat zwei Aspekte: (1) Hindernde Unwissenheit, die Leid auf dreifache Art bewirkt: (a) sie verhindert das Verständnis von Ursache und Wirkung und den Qualitäten der Drei Juwelen, (b) sie bewirkt das Entstehen der emotionalen Verblendungen und (c) sie verhindert eine Wiedergeburt in den höheren Bereichen sowie die Befreiung aus dem Daseinskreislauf. (2) Nichthindernde Unwissenheit, die kein direktes Leid bewirkt (solange keine emotionale Verblendung aus stärkerer Ich-Anhaftung entsteht), die dualistische, getrennte Wahrnehmung hervorbringt, die Befreiung vom Daseinkreislauf ermöglicht, aber den Buddhazustand verhindert. Im Mahayana werden beide Aspekte aufgelöst.

führenden Handlungen ansammeln. So entstehen die Glieder bis zum Werden, und darauf folgt das zukünftige Leben: Die Geburt wird in einem den Handlungen entsprechenden Bereich angenommen, und mit dieser Stütze werden Altern und Tod sowie das weitere Leid des Daseinskreislaufs erfahren.

Diese sich so entwickelnde Stütze entsteht bei allen Lebewesen, die eine Form haben, mit den Gliedern von Bewusstsein bis hin zum Werden, und bei einer formlosen Geburt mit den Gliedern Bewusstsein, den vier Skandhas der Namen[265] und dem Glied des Werdens.

Wo auch immer ein Lebewesen geboren wird – es entstehen Geburt sowie Altern und Tod: Vorangetrieben von Handlungen und emotionaler Verblendungen wird wieder eine andere Geburt angenommen, und so kreist und wandert es wieder und wieder durch die Existenzen der drei Daseinsbereiche, wie ein Fackel-Kreis[266] oder ein Wasserrad[267].

So sollte die Art des kontinuierlich fortdauernden Entstehens allgemein erkannt werden.

Wird nun untersucht, mit wie vielen Leben [die 12 Glieder] vervollständigt werden, so wurde die Art des Vervollständigens durch

265 Im formlosen Bereich gibt es die Glieder 5–9 nicht, und das vierte Glied (Name und Form) besteht lediglich aus den *vier Skandhas der Namen*. Zukünftige Wiedergeburten mit einem Körper usw. sind hier nur in der Form karmischer Samen vorhanden. Daher ist der formlose Bereich nicht frei von dem Potential, wieder in niederen Bereichen Geburt anzunehmen.

266 Ein *Fackel-Kreis* entsteht als eine optische Illusion, wenn eine Fackel auf kreisförmige Art schnell durch die Luft gewirbelt wird.

267 Das *Wasserrad* ist eine altertümliche Wasserpumpe. Das Wasser wird in vielen Eimern nach oben befördert, die an einem Seil befestigt sind und durch ein Rad in ständiger Bewegung sind. Die leeren Eimer bewegen sich sehr leicht nach unten, wie die Wesen, die aufgrund ihrer Gewohnheiten mit Leichtigkeit nicht-heilsame Handlungen ansammeln und in den niederen Bereichen untergehen. Die vollen Eimer müssen nach oben befördert werden, genauso wie es den Einsatz braucht, heilsames Karma anzusammeln, um in die höheren Bereiche zu gelangen. Die Eimer sind mal voll, mal leer und ständig in Bewegung, wie die Wesen, die ständig im Daseinskreislauf von einer Existenz zur anderen gehen, ohne Gewissheit über zukünftige Existenzen zu haben. Außerdem symbolisiert das eine Seil, an dem alle Eimer befestigt sind, die gleiche Unwissenheit aller Wesen.

drei Geburten – der vorhergehenden, der gegenwärtigen und der zukünftigen – [hier] unmittelbar dargelegt.

Eine zukünftige Geburt wird angenommen, vorangetrieben von der im früheren Leben in den Skandhas enthaltenen Unwissenheit und den Gestaltungen, den von Verlangen und Ergreifen beeinflussten Handlungen. Damit entstehen die Glieder vom Bewusstsein bis zum Werden und auch Altern und Tod, womit es eine Vervollständigung auch durch zwei Leben gibt.

Wie dem auch sei, es ist ein kontinuierlich fortdauerndes Entstehen, bei dem das eine vom anderen abhängt, und es wird daher »kontinuierlich fortdauerndes Entstehen in Abhängigkeit« genannt.

Weiterhin gibt es auch eine Auslegung, bei der alle zwölf Glieder im Moment des Vervollständigens einer Handlung enthalten sind. Dies kann am Beispiel des Tötens (*prāṇātipāta*) veranschaulicht werden:
Die Unwissenheit, sich aus Nicht-Wissen (*avidyā*) darauf einzulassen.
Die Gestaltungen[268] der entsprechenden Handlungen.
Das Bewusstsein[269], welches zu diesem Zeitpunkt hervorkommt.
Name und Form und die sechs Ayatanas dieses Zeitpunktes.
Der Kontakt des Zustechens der Waffe.
Die Empfindungen der zu diesem Zeitpunkt auftretenden Erfahrung der eigenen angenehmen [Empfindungen] und des Leids des anderen.
Das Verlangen des sich mit Begeisterung dafür Einsetzens.
Das Ergreifen der folgenden Aspekte[270].

268 Der tibetische Begriff für *Gestaltungen* besteht aus zwei Silben: *'du* bedeutet »zusammenkommen« (z.B. ein Tier, der Jäger und die Handlung des Tötens) und *byed* »etwas tun«. Es kommen spezielle Faktoren zusammen und dies bewirkt die Ausführung einer bestimmten Handlung.

269 Ein objekt-orientiertes *Bewusstsein* ist vorhanden, und ebenfalls das Bewusstsein des getöteten Wesens.

270 Das *Ergreifen der folgenden Aspekte* bedeutet, dass durch das verstärkte *Verlangen* und das daraus folgende *Ergreifen* weitere Handlungen des Tötens in der Zukunft folgen.

Das Werden der Skandhas zum Zeitpunkt des Ausführens dieser Handlung.
Die Geburt der gegenwärtigen und der folgenden Aspekte[271].
Altern und Tod als deren Veränderung und Aufhören[272].

Das ist das abhängige Entstehen eines Momentes.

Werden die zwölf Glieder des kontinuierlich fortdauernden Entstehens in Abhängigkeit zusammengefasst, so gibt es vier Arten von Gliedern: Die drei Glieder der Unwissenheit, der Gestaltungen und des Bewusstseins sind die vorantreibenden Glieder (*ākṣepakāṅga*), die vier von Name und Form bis zu den Empfindungen sind die Glieder des vorangetriebenen Ergebnisses (*ākṣiptāṅga*), die drei von Verlangen, Ergreifen und Werden sind die verwirklichenden[273] Glieder (*abhinirvartakāṅga*) und die zwei der Geburt und von Altern und Tod sind die verwirklichten Glieder (*abhinirvṛttyaṅga*).

Die zwölf Glieder können auch in drei Arten zusammengefasst werden: Die drei Glieder der Unwissenheit, des Verlangens und des Ergreifens sind emotionale Verblendungen[274], die zwei Glieder der Gestaltungen und des Werdens[275] sind Handlungen und die übrigen sieben sind die siebenfache Grundlage des Leids[276].

271 Die *Aspekte* in diesem Zusammenhang der *Geburt* sind die sich fortsetzenden fünf Skandhas (des Jägers und des getöteten Tieres).

272 Beim Zustechen kommt es zu einer *Veränderung* der Fortdauer der Skandhas des getöteten Tieres, was zum *Aufhören*, d. h. zum Tod des Tieres, führt.

273 Diese drei Glieder *verwirklichen* eine neue Geburt.

274 *Emotionale Verblendungen* (Tib: *nyon mongs*) sind eine grundlegende Unruhe, die durch *Verlangen* und *Ergreifen* zum Ausdruck kommt. Die tibetische Silbe *mongs* hat auch die Bedeutung »mehrere«, der Begriff kann also auch als »aus mehreren Faktoren entstehende emotionale Verblendungen« übersetzt werden.

275 Beim *Werden* im Zwischenzustand (Bardo) ist das Bewusstsein auf der Suche, und dies sind Handlungen.

276 Die übrigen Glieder werden *siebenfache Grundlage des Leids* genannt, weil sie alle von Leid gekennzeichnet sind.

Diese drei Arten werden der Reihe nach »völlige Verblendung der emotionalen Verblendung« (*kleśa-saṃkleśa*), »völlige Verblendung der Handlungen« (*karma-saṃkleśa*) und »völlige Verblendung des Lebens oder der Geburt« (*janma-saṃkleśa*) genannt, weil sie alle Lebewesen emotional verblenden.

Diese drei Arten werden dieser Reihenfolge nach auch »emotional verblendet fremdbestimmt[277]« (*kleśa-paratantra*), »Handlungen-fremdbestimmt« (*karma-paratantra*) und »Leid-fremdbestimmt« (*duḥkha-paratantra*) genannt.

Aus den drei Gliedern der emotionalen Verblendung entstehen die zwei Glieder der Handlungen, daraus entsteht die siebenfache Grundlage des Leids, und aus diesen sieben entstehen wieder emotionale Verblendung und Handlungen. Auf diese Art läuft das kontinuierliche Kreisen [im Daseinskreislauf] ab.

Unter den zwölf Gliedern bilden die fünf der [zwei Glieder der] Handlungen und der [drei Glieder der] emotionalen Verblendung sowie das Bewusstsein die Ursachen für das Zusammenkommen aller anderen Glieder. So gibt es vier [Ursachen]: die Unwissenheit, die Handlungen, das Verlangen und das Bewusstsein – wobei Verlangen und Ergreifen zusammen das Verlangen, und Gestaltungen und Werden zusammen Handlungen sind. Diesbezüglich ist das Bewusstsein wie ein Same, die Handlungen sind wie ein Feld, das Verlangen ist wie die Feuchtigkeit und die Unwissenheit ist wie das Säende und Düngende. Diese vier erzeugen die Keime von Name und Form an allen Geburtsorten des Werdens.

Werden diese Abhängigkeiten ihrem aufeinander folgenden Entstehen nach zusammengefasst, so sind die fünf der [zwei Glieder der] Handlungen und der [drei Glieder der] emotionalen Verblendung in der Wahrheit vom Ursprung von allem [Leid] enthalten, und die sieben restlichen Glieder in der Wahrheit des Leids.

277 *Fremdbestimmt* (Tib: *gzhan dbang*) bedeutet, dass die entsprechenden Faktoren (emotionale Verblendungen, Handlungen und Leid) die Wesen kontrollieren und beherrschen.

Was die Umkehrung dieser Reihenfolge angeht[278], so beseitigt das zeitlose Gewahrsein der Verwirklichung der Natur der Wahrheiten die Unwissenheit: Das Auflösen der fünf der [zwei Glieder der] Handlungen und der [drei Glieder der] emotionalen Verblendung ist die Wahrheit des Weges. Das Aufhören in der Soheit der siebenfachen Grundlage des Leids ist die Wahrheit vom Aufhören des Leids. Dies ist die Natur der zwölf Glieder, die Bedeutung der Wahrheiten.

Es heißt, dass das abhängige Entstehen eine vorrangige (*priya*) und tiefgründige (*gāmbhīrya*) Unterweisung unter den Schätzen (*kośa*) der Worte Buddhas ist.[279]

Wer das abhängige Entstehen mit dem Auge der Einsicht sieht, wird den Dharma sehen, der von der Natur des achtfachen Pfades der Edlen (*aṣṭa-ārya-mārgāṅga*) ist, mit diesem Blick des zeitlosen Gewahrseins alles Erkennbare zutiefst verstehen und den Dharmakaya der Buddhas sehen.

Dies war das Kapitel des abhängigen Entstehens.

278 Die *Umkehrung der Reihenfolge* (Skt: *pratiloma*, Tib: *lugs ldog*) ist die Umkehrung der Reihenfolge des Erscheinens (Tib: *lugs 'byung*) der zwölf Glieder. Dabei wird die Wahrheit des Leids zur Wahrheit vom Aufhören und die Wahrheit vom Ursprung von allem [Leid] zur Wahrheit des Weges.

279 Dies stammt von Nagarjuna.

Anhang: Tibetischer Text

Das Tor zum Verständnis eines Pandita

༄༅། །མཁས་པའི་ཚུལ་ལ་འཇུག་པའི་སྒོ་ཞེས་བྱ་བའི་བསྟན་བཅོས་བཞུགས་སོ།།

༄༅༅། །རྒྱ་གར་སྐད་དུ། པཎྜི་ཏ་སུ་ན་ཡཾ་ཨ་བ་ཏཱ་ར་མུ་ཁ་ནཱ་མ་ཤཱསྟྲཾ། བོད་སྐད་དུ། མཁས་པའི་ཚུལ་ལ་འཇུག་པའི་སྒོ་ཞེས་བྱ་བའི་བསྟན་བཅོས། དཀོན་མཆོག་གསུམ་ལ་ཕྱག་འཚལ་ལོ། །དོན་བཅུ་ཡང་དག་ཐུགས་སུ་ཆུད་གྱུར་ཅིང་། །ཕྱག་རྒྱ་བཞི་ཡི་དོན་ནི་འགྲོ་ལ་སྟོན། །ཚིག་དོན་དྲི་མེད་ཆོས་རབ་སྣང་བའི་གཏེར། །སྨྲ་བའི་ཉི་མ་སྙིང་ལ་འཇུག་པར་མཛོད། །འདིར་ཤེས་བྱའི་གནས་མ་ནོར་བར་གཏན་ལ་འབེབས་པའི་ཤེས་རབ་འཐོབ་པར་འདོད་པས་མདོ་དང་བསྟན་བཅོས་ཆེན་པོ་རྣམས་ལས་གསུངས་པ་ལྟར་མཁས་པར་བྱ་བའི་གནས་བཅུ་ལ་བསླབ་པར་བྱ་སྟེ། གང་ཞེ་ན། ཕུང་པོ་ལ་མཁས་པ་དང་། དེ་བཞིན་དུ་ཁམས་དང་། སྐྱེ་མཆེད་དང་། རྟེན་འབྲེལ་དང་། གནས་དང་གནས་མ་ཡིན་པ་དང་། དབང་པོ་དང་། དུས་དང་། བདེན་པ་དང་། ཐེག་པ་དང་། འདུས་བྱས་འདུས་མ་བྱས་ལ་མཁས་པ་དང་བཅུའོ། །འདི་བཅུ་གཏན་ལ་ཕབ་པའི་ལུགས་ཀྱིས་སྤང་བྱ་བདག་ཏུ་ལྟ་བ་བཅུ་ལྡོག་པ་སོགས་ལྟ་བ་ངན་པའི་རྨོངས་པ་ཀུན་ལས་གྲོལ་ཞིང་། ཇི་ལྟ་ཇི་སྙེད་ཀྱི་བློ་གྲོས་རྒྱས་པར་འགྱུར་བ་ཡིན་ནོ།

Die fünf Skandhas

།ཕུང་པོ་ནི་ལྔ་སྟེ། གཟུགས་ཀྱི་ཕུང་པོ་དང་། ཚོར་བའི་ཕུང་པོ་དང་། འདུ་ཤེས་ཀྱི་ཕུང་པོ་དང་། འདུ་བྱེད་ཀྱི་ཕུང་པོ་དང་། རྣམ་པར་ཤེས་པའི་ཕུང་པོའོ། །གཟུགས་གང་ཅི་ཡང་རུང་བ་དུས་གསུམ་དང་། ཡུལ་ཉེ་རིང་སོགས་དང་། རྣམ་པ་བཟང་ངན་སོགས་ཐམས་ཅད་བསྡུས་ཏེ་གཟུགས་ཀྱི་ཕུང་པོར་བཞག་པ་དེ་བཞིན་ཚོར་བ་སོགས་ལའང་ཤེས་པར་བྱ་སྟེ། དུ་མ་སྤུངས་པས་ན་ཕུང་པོ་ཞེས་བྱའོ།

1. Das Skandha der Formen

།དེ་ལ་གཟུགས་སུ་རུང་བའི་མཚན་ཉིད་ཅན་གྱི་ཕུང་པོ་དེ་ལ་དབྱེ་ན། རྒྱུ་གཟུགས་བཞི། འབྲས་གཟུགས་བཅུ་གཅིག་གོ །རྒྱུ་ནི་འབྱུང་བ་ཆེན་པོ་བཞི་སྟེ། སའི་ཁམས་ནི་སྲ་ཞིང་གཞི་འཛིན་པའི་ལས་བྱེད་པ། ཆུ་ཁམས་གཤེར་ཞིང་སྡུད་པ། མེ་ཁམས་དྲོ་ཞིང་སྨིན་པ། རླུང་ཁམས་གཡོ་ཞིང་འཕེལ་བར་བྱེད་པའོ། །འབྲས་གཟུགས་བཅུ་གཅིག་ནི། དབང་པོ་ལྔ་དང་། དོན་ལྔ་དང་བཅུ། མཛོད་ལྟར་ན་རྣམ་པར་རིག་བྱེད་མིན་པའི་གཟུགས་དང་བཅུ་གཅིག ཀུན་བཏུས་ལྟར་ན་ཆོས་ཀྱི་སྐྱེ་མཆེད་པའི་གཟུགས་དང་བཅུ་གཅིག་གོ །གཟུགས་ཕུང་འདི་དག་རེག་པ་དང་དཔྱད་པའི་སྒོ་ནས་གཟུགས་སུ་ཡོད་པར་བཞག་སྟེ། དང་པོ་ལག་པ་དང་དབྱུག་པ་དང་རླུང་སོགས་ཀྱིས

ཐུག་རེག་ཡོད་པ་དང་། གཉིས་པ་མཉམ་པར་བཞག་པའམ་མ་བཞག་པའི་
ཡིད་རྟོག་བཅས་ཀྱིས་གཟུགས་འདི་ནི་ལྔ་བུའོ། །ཞེས་བཀྲ་བར་བཟུང་བས་
སོ། །དེ་ལ་དབང་པོ་ལྔ་ནི། མིག་གི་དབང་པོ་དང་། དེ་བཞིན་དུ་རྣ་བ་
སྣ་ལྕེ་ལུས་ཀྱི་དབང་པོའོ། །དབང་པོ་ལྔ་པོ་འདི་དག་རང་རང་གི་ཤེས་པའི་
བདག་རྐྱེན་ཐུན་མོང་མིན་པ་ནང་གི་གཟུགས་ཅན་དང་བ་སྟེ། མིག་གི་དབང་
པོ་ཟར་མའི་མེ་ཏོག་ལྟ་བུ། རྣ་བའི་དབང་པོ་གྲོ་གའི་འཛེར་བུ་གཙུས་པ་ལྟ་བུ།
སྣའི་དབང་པོ་ཟངས་ཀྱི་མོ་ཁབ་གཤིབས་པ་ལྟ་བུ། ལྕེའི་དབང་པོ་ཟླ་བ་
བཀས་པ་ལྟ་བུ། ལུས་ཀྱི་དབང་པོ་བྱ་རེག་ན་འཇམ་གྱི་པགས་པ་ལྟ་བུའོ།
།དོན་ལྔ་ནི། གཟུགས་སྒྲ་དྲི་རོ་རེག་བྱའོ། །གཟུགས་ནི་མིག་གི་ཡུལ་ཏེ།
དེ་ལ་དབྱེ་ན་ཁ་དོག་དང་། དབྱིབས་ཀྱི་གཟུགས་གཉིས། དང་པོ་ལ་སྔོ་
སེར་དཀར་དམར་རྩ་བའི་ཁ་དོག་བཞི། དེའི་ཡན་ལག་ཏུ། སྤྲིན་དང་དུ་
བ། རྡུལ་དང་ཁུག་སྣ། ཉི་འོད་གྲིབ་མ། སྣང་བ་མུན་པ་རྣམས་དང་།
ཡང་མདོན་པར་སྐབས་ཡོད་པ་ཞེས་པ་གཟུགས་དེ་གཞན་ལ་ཐོགས་པར་བྱེད་
པའི་རེག་བྱ་དང་བྲལ་བ་བར་སྣང་སྐྱ་སེང་པོ་ལྟ་བུ་གཟུགས་བརྟན་སོགས་ཀྱང་
དེ་དང་ཆ་འདྲའོ། །ཕྱག་འཚལ་བ་ལྟ་བུ་སོགས་རྣམ་པར་རིག་བྱེད། སྟེང་
གི་ནམ་མཁའ་སྔོན་པོ་ཁ་དོག་གཅིག་པ་རྣམས་ཏེ་འདི་རྣམས་ཀྱང་གཟུགས་སུ་
བསྡུ་བའི་ཆེད་དུ་བཤད་དོ། །རྩ་བའི་ཁ་དོག་གི་ཆ་ཤས་འདྲེས་པ་ལས་བྱེ་
བྲག་གི་ཡན་ལག་མང་དུ་འགྱུར་རོ། །དབྱིབས་གཟུགས་ལ། རིང་པོ།

ཐུང་དུ། ལྷམ་པ། ཟླུམ་པོ། མཐོ་བ། དམའ་བ། ཕྲ་བ། རགས་པ། ཕྱལ་ལེ་བ། ཕྱལ་ལེ་བ་མ་ཡིན་པ་རྣམས་ཀྱིས་ཕྱིར་བསྟན་ཏེ། ནང་གི་དབྱེ་བ་ལ། གྲུ་གསུམ། ཟླ་གམ། འཛིང་མོ་སོགས་མང་པོ་འགྱུར་རོ། །དབྱིབས་དང་ཁ་དོག་དེ་དག་བཟང་ངན་བར་མ་གསུམ་འདུའོ། །སྒྲ་ནི་རྣ་བའི་ཡུལ་ཏེ། དེ་ལ་ཟིན་པའི་འབྱུང་བའི་རྒྱུ་ལས་བྱུང་བ་སེམས་ཅན་གྱི་ངག་དང་སེ་གོལ་གྱི་སྒྲ་ལྟ་བུ། མ་ཟིན་པའི་འབྱུང་བའི་རྒྱུ་ལས་བྱུང་བ། ཆུ་ཀླུང་དང་རླུང་སོགས་ཀྱི་སྒྲ་ལྟ་བུ། གཉིས་ཀ་ལས་བྱུང་བ་ཇ་བརྡུང་བའི་སྒྲ་ལྟ་བུ། སེམས་ཅན་དུ་སྟོན་པ་དོན་རྗོད་པར་བྱེད་པ། སེམས་ཅན་དུ་མི་སྟོན་པ་དོན་རྗོད་པར་མི་བྱེད་པ། དོན་རྗོད་བྱེད་ལ་འཇིག་རྟེན་པས་ཐ་སྙད་བཏགས་པ། འཕགས་པས་ཐ་སྙད་བཏགས་པ་སོགས་ཀྱི་ཁྱད་པར་ཡོད་ཅིང་། དེ་དག་ལ་སྙན་མི་སྙན་བར་མའི་དབྱེ་བ་རྣམས་སོ། །དྲི་ནི་སྣའི་ཡུལ་ཏེ། དེ་ལ་དྲི་ཞིམ་མི་ཞིམ། ཆ་མཉམ་པ། ལྷན་སྐྱེས། སྦྱར་བྱུང་ངོ་། །རོ་ནི་ལྕེའི་ཡུལ་ཏེ། མངར་བ། སྐྱུར་བ། ལན་ཚྭ་བ། ཁ་བ། ཚ་བ། བསྐ་བ་དྲུག་དང་། དེ་དག་འདྲེས་པ་ལས་ནང་གི་དབྱེ་བ་དུ་མར་འགྱུར་རོ། །ཡང་ཡིད་དུ་འོང་མི་འོང་བར་མ་གསུམ་དང་། ལྷན་སྐྱེས་དང་། སྦྱར་བྱུང་གི་དབྱེ་བ་ཡང་ཡོད་དོ། །རེག་བྱ་ནི་ལུས་ཀྱི་ཡུལ་ཏེ། རྒྱུ་འབྱུང་བ་བཞིའི་རེག་བྱ་དང་། འབྲས་བུ་ལ། འཇམ་རྩུབ་ལྕི་ཡང་བཀྲེས་སྐོམ་གྲང་བ་བདུན་དང་། མཉེན་པ། ལྷོད་པ། དམ་པ།

ཚིམ་པ། ན་བ། རྒ་བ། འཆི་བ། ངལ་སོས་པ། སྦྱངས་ཆེ་བ་ཞེས་མི་འཇིགས་པ་སྟེ་ལུས་སྟོབས་དང་ལྡན་ནས་མ་ཞུམ་པའོ། །འདི་དག་གིས་མཚོན་ནས་ལུས་ཀྱི་ཕྱི་དང་ནང་གི་རེག་བྱ་སྦྱོང་ཚུལ་དུ་མ་ཡོད་པ་ཤེས་པར་བྱའོ། །ཆོས་ཀྱི་སྐྱེ་མཆེད་པའི་གཟུགས་ལྔ་སྟེ། བསྡུས་པ་ལས་བྱུང་བ་ཞེས་པ་རྡུལ་ཕྲ་རབ་ཀྱི་གཟུགས་ནི་གཟུགས་ཡིན་ཀྱང་ཡིད་ཀྱིས་ཤེས་པར་བྱ་བ་ཙམ་མོ། །མངོན་པར་སྐབས་ཡོད་པའམ་གསལ་བ་ནི་གོང་བཤད་ལྟར་གཞན་ལ་མི་ཐོགས་པའོ། །ཡང་དག་པར་བླངས་པ་ལས་བྱུང་བ་ནི་རྣམ་པར་རིག་བྱེད་མ་ཡིན་པའི་གཟུགས་སོ། །ཀུན་བརྟགས་པའི་གཟུགས་ནི་གཟུགས་བརྙན་དང་རྨི་ལམ་གྱི་གཟུགས་ལྟ་བུའོ། །དབང་འབྱོར་བའི་གཟུགས་ནི་བསམ་གཏན་ལ་དབང་འབྱོར་བའི་སྟོབས་ཀྱིས་སྣང་བའི་གཟུགས་ཟད་པར་སྔོན་པོ་ལ་སོགས་པ་ལྟ་བུའོ། །དབང་འབྱོར་བའི་གཟུགས་ལྟ་བུ་སེམས་ཀོ་ནའི་སྟོབས་ཀྱིས་སྣང་བ་ལ་ནི་རྡུལ་ཕྲན་བསགས་པ་མེད་པའི་ཕྱིར་དེའི་རྒྱུ་འབྱུང་བ་རྣམས་མ་ཡིན་ཏེ་དེ་ལས་གཞན་པའི་གཟུགས་ཀྱི་དབང་དུ་མཛད་ནས་དེ་ལྟར་རྒྱུར་གསུངས་སོ། །རྣམ་པར་རིག་བྱེད་མིན་པ་འདི་གཟུགས་ཇི་ལྟར་ཡིན་ཅེ་ན། འདི་ནི་སྡོམ་སྡོམ་མིན་བར་སྡོམ་ཐོབ་པའི་ལུས་ངག་གི་ལས་ཤིག་ཡིན་ལ། དེ་ནི་གཡེང་བ་དང་སེམས་མེད་པའི་སྐབས་སུའང་རྒྱུན་མ་ཆད་པར་ཡོད་པས་སེམས་ཀྱིས་བསྡུས་པ་མིན་པ་དང་། དང་པོར་རང་རྒྱུད་ཀྱི་ཟིན་པའི་འབྱུང་བ་རྣམས་རྒྱུར་བྱས་ནས་སྐྱེ་ཞིང་། ཟིན་

འབྱུང་དེ་ལ་བརྟེན་ཧེ་ཧེ་སྲིད་རྟེན་ཉམས་པའམ་གཏོང་རྒྱ་མ་བྱུང་གི་བར་དུ་རྒྱུན་ཆགས་པར་འབྱུང་བ་ཡིན་པ་དང་། ངོ་བོ་དགེ་མི་དགེ་གང་རུང་དུ་ངེས་པ་ལུས་ངག་གི་ལས་ཀྱི་བྱེ་བྲག་ཞིག་ཡིན་པའི་རྒྱུ་མཚན་གསུམ་པོ་དེས་གཟུགས་སུ་འཇོག་པ་ཡིན་ནོ། །དེ་ཡང་དང་བས་ཕྱག་འཚལ་བའམ་མདོ་འདོན་པ་དང་། སྡང་བས་གཞན་ལ་བརྡེག་པ་དང་ཚིག་རྩུབ་སྨྲ་བ་ལྟ་བུའི་ལས་ནི། རྒྱུ་ལུས་ངག་གི་རྡུལ་རྣམས་ལས་ཡན་གར་དུ་མེད་ཀྱང་། ལུས་ངག་གཡོ་བ་དང་བཀོད་པའི་རྣམ་འགྱུར་ཁྱད་པར་བ་དེ་ལ་ལས་སུ་འཇོག་དགོས་སོ། །ལས་དེས་ནི་རང་ཀུན་ནས་སློང་བྱེད་ལུས་ངག་གི་རྡུལ་གྱི་ཚོགས་པ་རྣམས་གཞན་ལ་རིག་པར་བྱེད་དེ། ཇི་ལྟར་ན་རྡེའུ་དུ་མ་ཏྲ་སོགས་ཀྱི་དབྱིབས་སུ་བཀོད་པ་མཐོང་བ་ན། རྡེའུ་རྣམས་མཐོང་བ་ཡིན་གྱི་དེ་ལས་གཞན་མཐོང་རྒྱུ་ཅི་ཡང་མེད་མོད། རྡེའུ་རྣམས་མཐོང་བའི་སྒོ་ནས་རྡེའུ་རྣམས་བཀོད་ལུགས་ཀྱི་དབྱིབས་དེ་ཡང་ཤེས་པ་བཞིན་ནོ། །རིག་བྱེད་མིན་གཟུགས་ཀྱང་ལུས་ངག་གི་ལས་ཀྱི་ཁྱད་པར་ཡིན་པ་ལ་རིག་བྱེད་ཀྱི་གཟུགས་དང་འདྲ་ཡང་། དེས་རང་ཀུན་ནས་སློང་བྱེད་ལུས་ངག་གི་ཆ་དེ་རང་གི་རྒྱུ་ཡིན་པར་གཞན་ལ་རིག་པར་མི་བྱེད་དེ། སྡོམ་ལྡན་གྱི་གང་ཟག་གི་སྡོམ་པ་འདི་ལྟ་བུའོ་ཞེས་དེའི་ལུས་སོགས་མཐོང་བ་ཙམ་གྱིས་མི་ཤེས་པ་བཞིན་ནོ། །དེས་ན་འདི་ལ་རྣམ་པར་རིག་བྱེད་མིན་པ་དང་། བསྟན་མེད་ཐོགས་མེད་ཀྱི་གཟུགས་ཞེས་བྱ་བར་བརྗོད་དོ། །དབང་དོན་བཅུ་པོ་དེ་དག་རྡུལ་ཕྲན་བསགས་པ་ཡིན་པའི་

ཕྱིར་གཟུགས་ཀྱི་མཐའ་ཕྲ་རབ་ཆ་མེད་ཀྱི་རྡུལ་ལས་བརྩམས་ཏེ་ཇེ་རྒྱས་སུ་འགྱུར་ཏེ། ཇི་ལྟར་ན་རྡུལ་ཕྲ་རབ་བདུན་ལ་རྡུལ་ཕྲན་གཅིག་ཅེས་བྱའོ། །དེ་བཞིན་བདུན་འགྱུར་གྱིས། ལྕགས་ཆུ་རི་བོང་ལུག་གླང་། ཉི་ཟེར་གྱི་རྡུལ་དང་། སྲོ་མ་དང་། ཤིག་དང་། ནས་དང་སོར་ཚིགས་ཀྱི་ཚད་ཀྱི་བར་དུའོ། །སོར་མོ་ཉེར་བཞི་ལ་ཁྲུ་གང་ངོ་། ཁྲུ་བཞི་གཞུ་འདོམ་གང་ངོ་། །གཞུ་འདོམ་ལྔ་བརྒྱ་ལ་རྒྱང་གྲགས་ཀྱི་ཚད་ཅེས་བྱའོ། །རྒྱང་གྲགས་བརྒྱད་ལ་དཔག་ཚད་གཅིག་སྟེ། དཔག་ཚད་དེས་རི་གླིང་སོགས་ཀྱི་ཚད་འཇལ་བར་བྱེད་དོ། །འདོད་ཁམས་ན་དབང་པོ་དང་སྒྲ་མེད་པའི་རྡུལ་གང་ལ་ཡང་འབྱུང་བཞི་དང་གཟུགས་དྲི་རོ་རེག་གི་རྡུལ་བརྒྱད་ཡོད་ལ། སྒྲ་ཡོད་ན་སྒྲ་རྡུལ་དང་དགུ། ལུས་དབང་ཡོད་ན་དེའི་རྡུལ་དང་བཅུ། དབང་པོ་གཞན་ཡོད་ན་ལུས་དབང་དེ་དང་ལྡན་ཅིག་ཡོད་པས་རྡུལ་རིགས་མི་འདྲ་བ་བཅུ་གཅིག་ཡོད་དོ། ༔

2. Das Skandha der Empfindungen

།ཚོར་བ་ནི་ཉམས་སུ་མྱོང་བའི་མཚན་ཉིད་ཅན་ནོ། །ཚོར་བའི་ཕུང་པོ་དེ་ལ་དབྱེ་ན། བདེ་སྡུག་བཏང་སྙོམས་གསུམ་མམ། བདེ་བ་ཡིད་བདེ། སྡུག་བསྔལ་ཡིད་མི་བདེ་གཉིས་སུ་ཕྱེས་ན་ཚོར་བ་བཏང་སྙོམས་དང་དེ་ལྔའོ། །རྟེན་གྱི་དབང་དུ་བྱས་ན་མིག་རྣ་སྣ་ལྕེ་ལུས་ཡིད་ཀྱི་འདུས་ཏེ་རེག་པ་ལས་བྱུང་བའི་ཚོར་བ་དྲུག་དང་། དེ་ལ་བདེ་སྡུག་བཏང་སྙོམས་གསུམ་གྱི་དབྱེ་བས

ཡིད་ཉེ་བར་རྒྱུ་བའི་ཚོར་བ་བཅོ་བརྒྱད་དུ་འགྱུར་རོ། །གཞན་ཡང་སྒོ་ལྔའི་ཤེས་པ་དང་མཚུངས་ལྡན་ལུས་ཚོར། ཡིད་ཤེས་དང་མཚུངས་ལྡན་སེམས་ཚོར། ལུས་ལ་སྲེད་པ་དང་མཚུངས་ལྡན་གྱི་ཚོར་བ་ཟང་ཟིང་བཅས་པ། སྲེད་པ་དང་མི་ལྡན་པ་ཟང་ཟིང་མེད་པའི་ཚོར་བ། འདོད་ཡོན་ལྔ་ལ་སྲེད་པ་དང་མཚུངས་ལྡན་ཞེན་པ་རྟེན་པའི་ཚོར་བ། ཞེན་པ་མེད་པ་མངོན་འབྱུང་རྟེན་པའི་ཚོར་བ་སོགས་ཀྱི་རྣམ་གྲངས་ཡོད་དོ།

3. Das Skandha der Unterscheidungen

།འདུ་ཤེས་ནི་མཚན་མར་འཛིན་པ་སྟེ། དེ་ལ་རྟེན་གྱི་སྒོ་ནས་དབྱེ་ན། མིག་གི་འདུས་ཏེ་རེག་པ་ལས་བྱུང་བའི་འདུ་ཤེས་སོགས་ཡིད་ཀྱི་བར་གྱི་དྲུག་གོ །ཡང་དོན་ལ་མཚན་མར་འཛིན་པ་སྔོ་སེར་སོགས་སྣང་བ་འཛིན་པ། ཐ་སྙད་ལ་མཚན་མར་འཛིན་པ་སྐྱེས་པ་བུད་མེད་སོགས་སུ་རྟོག་པ་སྟེ། ནང་གི་དབྱེ་བ་ནི་ཤེས་བྱའི་གྲངས་སྙེད་དོ། །ཡང་མཚན་མ་དང་བཅས་པའི་འདུ་ཤེས་ནི། ཐ་སྙད་ལ་མི་མཁས་པ་སྟེ་གཟུགས་མཐོང་ཡང་བརྗོད་ལ་མ་བྱང་བས་བརྗོད་མི་ཤེས་པ་དང༌། མཚན་མེད་ཀྱི་དབྱིངས་དང༌། སྲིད་རྩེ་ལ་སྙོམས་པར་ཞུགས་པའི་འདུ་ཤེས་རྣམས་མ་གཏོགས་པ་དེ་ལས་གཞན་པའི་འདུ་ཤེས་ཐམས་ཅད་དོ། །མཚན་མ་མེད་པའི་འདུ་ཤེས་ནི་མ་གཏོགས་པ་དེ་དག་གོ །ཆུང་ངུའི་འདུ་ཤེས་གང་གིས་འདོད་ཁམས་ཤེས་པ། དེ་བཞིན་དུ་རྒྱ་ཆེན་པོའི་འདུ་ཤེས་ནི་གཟུགས་ཁམས་ཤེས་པ། ཚད་མེད་པའི་འདུ་ཤེས་ནི་ནམ་

མཁའ་མཐའ་ཡས་དང་རྣམ་ཤེས་མཐའ་ཡས་ཤེས་པ། ཅི་ཡང་མེད་པའི་འདུ་ཤེས་ནི་ཅི་ཡང་མེད་པའི་སྐྱེ་མཆེད་ཤེས་པ་སྟེ་དྲུག་ཏུ་དབྱེ་བ་སོགས་སོ།

4. Das Skandha der Gestaltungen

།འདུ་བྱེད་ཀྱི་ཕུང་པོ་ནི་མངོན་པར་འདུ་བྱེད་པའི་མཚན་ཉིད་ཅན། ཕུང་པོ་བཞི་ལས་གཞན་པའི་འདུས་བྱས་ཐམས་ཅད་ལ་བརྗོད་དེ། དེ་ལ་སེམས་དང་མཚུངས་ལྡན་གྱི་འདུ་བྱེད་སེམས་བྱུང་རྣམས་དང་། མཚུངས་ལྡན་མིན་པའི་འདུ་བྱེད་ཐོབ་པ་སོགས་ལྡན་མིན་འདུ་བྱེད་རྣམས་སོ། །དེ་ཡང་སེམས་བྱུང་ལྔ་བཅུ་ང་གཅིག་ཡོད་ལ་ལྔ་བ་ལྔ་སོ་སོར་བརྩི་ན་ང་ལྔར་འགྱུར་རོ། །སེམས་བྱུང་ཀུན་འགྲོ་ལྔ་ནི། སེམས་པ་དང་ཚོར་བ་འདུ་ཤེས་ཡིད་ལ་བྱེད་པ་རེག་པ་ལྔ་ལས་ཚོར་འདུ་གཉིས་གོང་དུ་བཤད་ཟིན་ལ་དེ་དག་སེམས་བྱུང་ཡིན་ཀྱང་འདུ་བྱེད་ཀྱི་ཕུང་པོར་མི་བསྡུ་སྟེ་ལོགས་སུ་བཤད་པའི་ཕྱིར་རོ། །སེམས་པ་ནི་སེམས་ཡུལ་ལ་གཡོ་ཞིང་འཇུག་པ་སྟེ། རྟེན་གྱི་སྒོ་ནས་མིག་གི་འདུས་ཏེ་སེམས་པ་སོགས་དྲུག་གོ །ཡིད་བྱེད་ནི་དམིགས་པ་ལ་སེམས་འཛིན་པ། རེག་པ་ནི་གསུམ་འདུས་ནས་དབང་པོའི་འགྱུར་བ་ཡོངས་སུ་གཅོད་པ་ཚོར་བའི་རྟེན་བྱེད་པའོ། །འདི་ལྔ་སེམས་ཐམས་ཅད་ཀྱི་འཁོར་དུ་འབྱུང་བས་ཀུན་འགྲོ་ཞེས་བྱའོ། །ཡུལ་ངེས་བྱེད་ལྔ་ནི། འདུན་པ་མོས་པ་དྲན་པ་ཏིང་འཛིན་ཤེས་རབ་བོ། །དེ་ལ་འདུན་པ་ནི་འདོད་པའི་དངོས་པོ་ལ་དེ་དང་ལྡན་པར་བྱེད་པ་བརྩོན་འགྲུས་རྩོམ་པའི་རྟེན་བྱེད་པ། མོས་པ་ནི་ངེས་

པའི་དངོས་པོ་ལ་དེ་བཞིན་དུ་འཛིན་པ་མི་འཕྲོག་པའི་བྱེད་ལས་ཅན་ནོ། །དྲན་པ་ནི་འདྲིས་པའི་དོན་མི་བརྗེད་པ་མི་གཡེང་བའི་ལས་ཅན་ནོ། །ཏིང་ངེ་འཛིན་ནི་བརྟག་པའི་དངོས་པོ་ལ་སེམས་རྩེ་གཅིག་པ་ཞེས་པའི་རྟེན་བྱེད་པའི་ལས་ཅན་ནོ། །ཤེས་རབ་ནི་བརྟགས་པའི་ཆོས་རབ་ཏུ་རྣམ་པར་འབྱེད་པ་སྟེ་སོམ་ཉི་ཟློག་པའི་ལས་ཅན་ནོ། །གོང་གི་བཅུ་པོ་འདི་ལ་སེམས་ཀྱི་ས་མང་བ་བཅུ་ཞེས་བཤད་དོ། །དགེ་བའི་སེམས་བྱུང་བཅུ་གཅིག་ལས། དད་པ་ནི་ཡང་དག་པའི་གནས་ལ་དང་འདོད་ཡིད་ཆེས་པ་སྟེ་འདུན་པའི་རྟེན་བྱེད་པའོ། །བག་ཡོད་པ་ནི་བླང་དོར་གྱི་གནས་ལ་གཟོབ་པ་ལྷུར་ལེན་པ་སྲིད་ཞིའི་ལེགས་པ་སྒྲུབ་པའི་ལས་ཅན་ནོ། །ཤིན་ཏུ་སྦྱང་བ་ནི་ལུས་སེམས་དགེ་བ་ལ་བཀོལ་བཏུབ་པའི་ལས་སུ་རུང་བ་སྟེ་གནས་ངན་ལེན་འཛོམས་པའོ། །བཏང་སྙོམས་ནི་ཆགས་སྡང་གཏི་མུག་མེད་པར་སེམས་རྣལ་དུ་གནས་པ་སྟེ། ཉོན་མོངས་པའི་སྐབས་མི་འབྱེད་པའི་ལས་ཅན་ནོ། །ངོ་ཚ་ཤེས་པ་ནི་བདག་གམ་ཆོས་རྒྱུ་མཚན་དུ་བྱས་ཏེ་ཁ་ན་མ་ཐོ་བ་ལ་འཛེམ་པ་ཉེས་སྤྱོད་སྡོམ་པའི་རྟེན་བྱེད་པའི་ལས་ཅན་ནོ། །ཁྲེལ་ཡོད་པ་ནི་གཞན་ནམ་འཇིག་རྟེན་རྒྱུ་མཚན་དུ་བྱས་ཏེ་ཁ་ན་མ་ཐོ་བ་ལ་འཛེམ་པའི་ལས་ཅན་ནོ། །མ་ཆགས་པ་ནི་སྲིད་པ་དང་སྲིད་པའི་ཡོ་བྱད་ལ་མ་ཆགས་པ་སྟེ་ཉེས་སྤྱོད་ལ་མི་འཇུག་པར་བྱེད་པའོ། །ཞེ་སྡང་མེད་པ་ནི་སེམས་ཅན་དང་སྡུག་བསྔལ་གྱི་ཆོས་ལ་ཀུན་ནས་མནར་སེམས་མེད་པ་སྟེ་ཉེས་སྤྱོད་ལ་མི་འཇུག་པར་བྱེད་པའོ། །གཏི་མུག་མེད་པ་ནི་སོ་

སོར་བརྟགས་པའི་སྒོ་ནས་དོན་ལ་མ་རྨོངས་པ་སྟེ་ཉེས་པ་ལ་མི་འཇུག་པར་བྱེད་པའོ། །རྣམ་པར་མི་འཚེ་བ་ནི་ཞེ་སྡང་མེད་པའི་ཆར་གཏོགས་པ་སྙིང་རྗེ་བའི་སེམས་ཏེ། གཞན་ལ་ཐོ་མི་བཙམ་པའི་ལས་ཅན་ནོ། །བརྩོན་འགྲུས་ནི་དགེ་བའི་གནས་ལ་སེམས་མངོན་པར་སྤྲོ་བས་འཇུག་པ་སྟེ། དགེ་བའི་ཕྱོགས་ཡོངས་སུ་སྒྲུབ་པར་བྱེད་པའོ། །མི་དགེ་བའི་སེམས་བྱུང་ལ་རྩ་བའི་ཉོན་མོངས་པ་དྲུག ཉེ་བའི་ཉོན་མོངས་པ་ཉི་ཤུ་ཡོད་པའི། དང་པོ་རྩ་ཉོན་དྲུག་གི་མ་རིག་པ་ནི་ལས་འབྲས་དང་བདེན་པ་དཀོན་མཆོག་རྣམས་ཀྱི་ཚུལ་མི་ཤེས་པ་སྟེ། ཀུན་ཉོན་རྣམས་འབྱུང་བར་བྱེད་པའོ། །འདོད་ཆགས་ནི་ཁམས་གསུམ་པའི་ཟག་བཅས་ཀྱི་ཕུང་པོ་ལ་ཆགས་པ་སྟེ་སྲིད་པའི་སྡུག་བསྔལ་སྐྱེད་པར་བྱེད་པའོ། །འདི་ལ་འདོད་ཁམས་པའི་འདོད་ཆགས་ལ་འདོད་པའི་འདོད་ཆགས་དང་། ཁམས་གོང་མ་གཉིས་ཀྱི་འདོད་ཆགས་ལ་སྲིད་པའི་འདོད་ཆགས་ཞེས་གཉིས་སུ་ཡང་གསུངས་སོ། །ཁོང་ཁྲོ་བ་ནི་སེམས་ཅན་དང་སྡུག་བསྔལ་དང་སྡུག་བསྔལ་གྱི་གཞི་ལ་ཀུན་ནས་མནར་སེམས་པ་སྟེ། བདེ་བར་རེག་པ་ལ་མི་གནས་ཤིང་ཉེས་སྤྱོད་ཀྱི་རྟེན་བྱེད་པའོ། །ང་རྒྱལ་ནི་འཇིག་ལྟ་ལ་བརྟེན་ནས་སེམས་མཐོ་བའི་རྣམ་པར་ཁེངས་པ་སྟེ། གཞན་ལ་མ་གུས་པ་དང་སྡུག་བསྔལ་འབྱུང་བའི་རྟེན་བྱེད་པ་དེ་ལ་དབྱེ་ན་བདུན་ཡོད་དོ། །ཐེ་ཚོམ་ནི་བདེན་པའི་དོན་ལ་ཡིད་གཉིས་ཟ་བ་སྟེ། དགེ་བའི་ཕྱོགས་ལ་མི་འཇུག་པའི་ལས་ཅན་ནོ། །ལྟ་བ་ཉོན་མོངས་ཅན་ཐམས་

ཅན་ལྟ་བ་སྟེ། ལྟ་བ་ངན་པ་ཐམས་ཅད་ཀྱི་རྟེན་བྱེད་པའོ། །དེ་ལྟར་རྩ་ཉོན་དྲུག་གོ །ལྟ་བ་དེ་ལ་དབྱེ་ན་ལྔ་སྟེ། འཇིག་ཚོགས་ལ་ལྟ་བ་ནི་ཉེ་བར་ལེན་པའི་ཕུང་པོ་ལྔ་ལ་བདག་དང་བདག་གི་བར་ལྟ་བ་སྟེ། ལྟ་བ་གཞན་གྱི་རྟེན་བྱེད་པའོ། །མཐར་འཛིན་པའི་ལྟ་བ་ནི། བདག་གམ་ཕུང་པོ་ལྔ་ལ་རྟག་པ་དང་ཆད་པར་འཛིན་པ་སྟེ། དབུ་མའི་ལམ་གྱིས་ངེས་པར་འབྱུང་བ་ལ་བར་དུ་གཅོད་པའི་ལས་ཅན་ནོ། །ལོག་པར་ལྟ་བ་ནི། ལས་རྒྱུ་འབྲས་སོགས་ཡོད་པའི་དོན་ལ་མེད་པར་ལྟ་བ་སྟེ། དགེ་རྩ་གཅོད་པར་བྱེད་པའི་ལས་ཅན་ནོ། །ལྟ་བ་མཆོག་འཛིན་ནི་གོང་གི་ལྟ་བ་ངན་པ་གསུམ་དང་ལྟ་བའི་གནས་ཉེར་ལེན་གྱི་ཕུང་པོ་ལྔ་ལ་མཆོག་དང་དམ་པར་ལྟ་བ་སྟེ་ལྟ་ངན་ལ་མངོན་པར་ཞེན་པར་བྱེད་པའོ། །ཚུལ་ཁྲིམས་དང་བརྟུལ་ཞུགས་མཆོག་འཛིན་ནི། འདག་གྲོལ་མ་ཡིན་པའི་ཚུལ་ཁྲིམས་དང་བརྟུལ་ཞུགས་དང་དེའི་གནས་ཕུང་ལྔ་ལ་འདག་གྲོལ་ངེས་འབྱིན་དུ་ལྟ་བ་སྟེ། ངལ་བ་འབྲས་བུ་མེད་པར་བྱེད་པའི་ལས་ཅན་ནོ། །མཆོག་འཛིན་གཉིས་པོ་འདིས་དངོས་པོའི་ཚུལ་ལ་ཕྱིན་ཅི་ལོག་ཏུ་ཞུགས་པའི་ལྟ་ངན་དང་། ཐར་པའི་ཐབས་མིན་པའི་ལམ་ངན་ལ་ཞེན་པ་ཀུན་ཀྱང་མཚོན་པར་བྱེད་དོ། །ལྟ་བ་ལྔ་པོ་དེ་ཐམས་ཅད་ཤེས་རབ་ཉོན་མོངས་ཅན་ཡིན་ལ། ལྟ་བ་ལྔ་དང་ལྟ་མིན་ལྔ་སྟེ་རྩ་ཉོན་བཅུ་པོ་དེ་ལས། མཆོག་འཛིན་གཉིས་དང་ལོག་ལྟ་ཐེ་ཚོམ་བཞི་ཀུན་བཏགས་ཡིན་ཞིང་། ལྷག་མ་དྲུག་ལ་ཀུན་བཏགས་དང་ལྷན་སྐྱེས་གཉིས་ཡོད་དོ། །ཉེ་ཉོན་ཉི་ཤུ

ལས། ཁྲོ་བ་ནི་ཁོང་ཁྲོ་འཕེལ་ཏེ་བརྡེག་པ་སོགས་གནོད་པ་དངོས་སུ་ལེམ་པར་བྱེད་པའོ། །འཁོན་དུ་འཛིན་པ་ནི་ཁོང་ཁྲོ་བའི་ཆར་གཏོགས་པ་གནོད་པའི་བསམ་པ་རྒྱུན་མི་གཏོང་ཞིང་མི་བཟོད་པར་བྱེད་པའོ། །འཚིག་པ་ནི་ཁྲོ་བ་དང་འཁོན་འཛིན་གྱི་རྒྱུ་ལས་མི་བཟོད་པར་ཚིག་རྩུབ་སྨྲ་བར་བྱེད་པའོ། །རྣམ་པར་འཚེ་བ་ནི་ཁོང་ཁྲོའི་ཆར་གཏོགས་པ། སྙིང་བརྩེ་བ་མེད་པར་རྣམ་པར་ཐོ་བཙམ་པའི་ལས་ཅན་ནོ། །ཕྲག་དོག་ནི་ཁོང་ཁྲོའི་ཆར་གཏོགས་པ། རང་རྙེད་བཀུར་སོགས་ལ་ཆགས་ནས་གཞན་གྱི་ཕུན་ཚོགས་ལ་མི་བཟོད་པར་སེམས་ཁོང་ནས་འཁྲུགས་པ། ཡིད་མི་བདེ་ཞིང་སེམས་རྣལ་དུ་མི་གནས་ལ་ཉེས་པའི་རྟེན་བྱེད་པའོ། །གཡོ་ནི་རྙེད་བཀུར་སོགས་ལ་ཆགས་པས་རང་གི་ཉེས་པ་སྦས་ཏེ་ཉེས་རྒྱུན་སྐྱོང་བའི་སེམས་གྲ་གྲུ་བ་ཆགས་སྡང་གཏི་མུག་གི་ཆར་གཏོགས་པ་སྟེ་ཡང་དག་པའི་གདམས་ངག་རྙེད་པའི་བར་དུ་གཅོད་པའོ། །སྒྱུ་ནི་རྙེད་བཀུར་སོགས་ཀྱི་ཕྱིར་རང་ལ་མེད་པའི་ཡོན་ཏན་ཡོད་པར་འཆོས་ནས་བདེན་པ་མིན་པས་གཞན་སླུ་བྱེད་རྨོངས་ཆགས་ཀྱི་ཆར་གཏོགས་པ་ཉོན་མོངས་དང་ཉེ་ཉོན་གྱི་གྲོགས་བྱེད་ཅིང་ལོག་འཚོ་སྒྲུབ་པའི་རྟེན་བྱེད་པའོ། །ངོ་ཚ་མེད་པ་ནི་བདག་རྒྱུ་མཚན་དུ་བྱས་ཏེ་སྡིག་པ་ལ་མི་འཛེམ་པ་དུག་གསུམ་གྱི་ཆར་གཏོགས་པ་ཉོན་མོངས་དང་ཉེ་ཉོན་གྱི་གྲོགས་བྱེད་པའོ། །ཁྲེལ་མེད་པ་ནི་གཞན་རྒྱུ་མཚན་དུ་བྱས་ཏེ་མི་དགེ་བའི་ཕྱོགས་ལ་འཛེམ་པ་མེད་པར་འཇུག་པ་དུག་གསུམ་གྱི་ཆར་གཏོགས་པ། ཉོན་མོངས་ཀུན་གྱི་གྲོགས་བྱེད་

པའོ། །འཆབ་པ་ནི་གཏི་མུག་དང་ཆགས་པའི་ཆར་གཏོགས་པ་ལེགས་པར་བསྐུལ་བ་ལ་མི་འཇུག་ཅིང་རང་གི་ཉེས་པ་སྒྲིབ་པར་འདོད་པ་སྟེ། འགྱོད་པ་དང་རེག་པར་མི་གནས་པའི་རྟེན་བྱེད་པའོ། །སེར་སྣ་ནི་འདོད་ཆགས་ཀྱི་རྒྱུ་ལས་ཡོ་བྱད་སོགས་བདོག་པའི་དངོས་པོ་ལ་དམ་དུ་འཛིན་པ་སྟེ་ཡོ་བྱད་མི་བསྟུང་བར་བྱེད་པའོ། །རྒྱགས་པ་ནི་ནད་མེད་པ་དང་ལང་ཚོ་སོགས་རང་རྒྱུད་ལ་ཡོད་པའི་ཟག་བཅས་ཀྱི་ཕུན་ཚོགས་གང་ཡང་རུང་བ་ལ་དགའ་ཞིང་ཆགས་པའི་སེམས་ཀྱིས་རང་མགུས་འཐིགས་པ་ འཁྲིངས་པའི་དོན་ནོ། སྟེ། ཉོན་མོངས་དང་ཉེ་ཉོན་གྱི་རྟེན་བྱེད་པའོ། །མ་དད་པ་ནི་གཏི་མུག་གི་ཆར་གཏོགས་པ་ཡང་དག་པའི་གནས་དང་དགེ་ཆོས་ལ་མི་མོས་པ་ལེ་ལོའི་རྟེན་བྱེད་པའོ། །ལེ་ལོ་ནི་ཉལ་བསླེས་འཕྲེས་སོགས་ཀྱི་བདེ་བ་ལྟ་བུའི་བྱ་བ་ངན་པ་ལ་ཞེན་ནས་དགེ་བའི་ཕྱོགས་ལ་མི་སྤྲོ་ཞིང་འཇུག་པ་ལྷོད་པར་བྱེད་པ་བརྩོན་འགྲུས་ཀྱི་མི་མཐུན་ཕྱོགས་སོ། །བག་མེད་པ་ནི་དུག་གསུམ་ལེ་ལོ་དང་བཅས་པའི་རྒྱུ་ལས་དགེ་སྡིག་བླང་དོར་ལ་གཟབ་པ་ལྷུར་མི་ལེན་པ་བག་ཡོད་པའི་མི་མཐུན་ཕྱོགས་ཏེ། མི་དགེ་འཕེལ་ཞིང་དགེ་བ་འགྲིབ་པའི་ལས་ཅན་ནོ། །བརྗེད་ངས་ནི་དགེ་བའི་དམིགས་པ་མི་གསལ་བར་བརྗེད་པ། དྲན་པའི་མི་མཐུན་ཕྱོགས་སུ་གྱུར་པའི་ཉོན་མོངས་དང་མཚུངས་ལྡན་གྱི་དྲན་པ་འཆལ་བ་སེམས་གཡེང་བའི་རྟེན་བྱེད་པའོ། །ཤེས་བཞིན་མིན་པ་ནི་ཉོན་མོངས་དང་མཚུངས་པར་ལྡན་པ་གཡེང་བའི་ཤེས་རབ་སྟེ། སྒོ་གསུམ་གྱི་

སྤྱོད་པ་ལ་ཤེས་བཞིན་དུ་མི་འཇུག་པར་བབ་བབ་ཏུ་འཇུག་པ་སྟེ་ལྟུང་བ་འབྱུང་བའི་རྟེན་བྱེད་པའོ། །རྨུགས་པ་ནི་གཏི་མུག་གི་ཆར་གཏོགས་པ་ལུས་སེམས་ལྕི་བའི་རྣམ་པས་དམིགས་པ་ལ་འཇུག་མི་ནུས་པར་ནང་དུ་སྡུད་ཅིང་སེམས་ལས་སུ་མི་རུང་བ་ཉོན་མོངས་པའི་རྟེན་བྱེད་པའོ། །རྒོད་པ་ནི་སྡུག་པའི་མཚན་མའི་རྗེས་སུ་ཞུགས་པའི་འདོད་ཆགས་ཀྱི་ཆར་གཏོགས་པ་སེམས་ཡུལ་ལ་འཕྲོ་བས་ལས་སུ་མི་རུང་ཞིང་མ་ཞི་བར་བྱེད་པ་ཞི་གནས་ཀྱི་བར་དུ་གཅོད་པའོ། །རྣམ་པར་གཡེང་བ་ནི་དུག་གསུམ་གྱི་ཆར་གཏོགས་པ་སེམས་ཡུལ་ལ་གཡོ་ཞིང་འཕྱན་ཏེ་དགེ་བའི་དམིགས་པ་ལ་རྩེ་གཅིག་ཏུ་མི་གནས་པར་བྱེད་པ་སྟེ། འདི་ལ་ཕྱི་དང་ནང་དང་མཚན་མའི་གཡེང་བ་སོགས་ཀྱི་དབྱེ་བ་ཡོད་དོ། །དེ་ལྟར་ཉི་ཤུ་ནི་རྩ་ཉོན་གྱི་ཆར་གཏོགས་ཤིང་དེ་དང་ཉེ་བས་ཉེ་ཉོན་ཞེས་བྱའོ། །གཞན་འགྱུར་བཞི་ལས་གཉིད་ནི་གཉིད་ཀྱི་རྒྱུ་ལ་བརྟེན་ནས་དགེ་མི་དགེ་རིགས་མི་རིགས་དུས་དུས་མིན་སོགས་ཀྱི་རྣམ་འབྱེད་མེད་པར་སྒོ་ལྔའི་ཤེས་པ་ནང་དུ་སྡུད་པར་བྱེད་པ་གཏི་མུག་གི་ཆར་གཏོགས་པ་བྱ་བ་ཤོར་བའི་རྟེན་བྱེད་པའོ། །འགྱོད་པ་ནི་སྔར་བྱས་པ་ལ་ཡིད་མི་དགའ་བའི་རྣམ་པས་ཡིད་ལ་བཅགས་པ་སེམས་གནས་པའི་བར་དུ་གཅོད་པར་བྱེད་པའོ། །རྟོག་པ་ནི་སེམས་པ་དང་ཤེས་རབ་ལ་བརྟེན་ནས་དམིགས་པའི་དངོས་པོ་ཀུན་ཏུ་ཚོལ་བའི་ཡིད་ཀྱིས་བརྗོད་པ་སྟེ། དོན་འོལ་སྤྱི་ཙམ་འཛིན་པ་རྩིང་བའི་རྣམ་པ་ཅན། རྒྱང་རིང་པོའི་གཟུགས་ལ་ཁམ་ཕོར་དང་བུམ་པའི་

ཁྱད་མ་ཕྱེ་བར་དེ་ཙམ་འཛིན་པ་ལྟ་བུའོ། །དཔྱོད་པ་ནི་སེམས་དང་ཤེས་རབ་
ལ་བརྟེན་ནས་དོན་དེའི་ཁྱད་པར་སོ་སོར་རྟོག་པའི་ཡིད་ཀྱིས་གཞིགས་ནས་
བརྡུང་བ་ཞིབ་པའི་རྣམ་པ་ཅན་དེ་བུམ་པ་གསར་པ་མ་གས་པར་འཛིན་པ་ལྟ་
བུའོ། །དེ་རྣམས་ཀུན་སློང་དང་བསམ་པའི་ཁྱད་པར་གྱིས་དགེ་སྡིག་ལུང་མ་
བསྟན་ཅི་རིགས་པར་འགྱུར་བས་གཞན་འགྱུར་བཞི་ཞེས་བྱའོ། །སེམས་
བྱུང་འདི་དག་གིས་སྤྱིར་སེམས་ཀྱི་ས་མང་དང་། དགེ་སྡིག་གི་སེམས་བྱུང་
རྣམས་ཀྱི་ཁྱད་པར་འབྱེད་པའི་གཙོ་བོར་གསུངས་ཤིང་། གཞན་ཡང་སེམས་
དང་འདུ་ཤེས་སོགས་ཀྱི་འཛིན་སྟངས་ཀྱི་ཁྱད་པར་ལས། སྐྱོ་བ་དང་མི་སྐྱོ་བ།
དགའ་བ་དང་མི་དགའ་བ། བཟོད་པ་དང་མི་བཟོད་པ་སོགས་རྣམ་གྲངས་
ཤིན་ཏུ་མང་པོར་འགྱུར་བ་ཤེས་པར་བྱའོ། །དེ་རྣམས་ནི་སེམས་དང་
མཚུངས་ལྡན་གྱི་འདུ་བྱེད་དོ། །སེམས་བྱུང་ལྟ་བུའི་འདུ་བྱེད་མིན་ཡང་
འདུས་བྱས་སུ་ནི་གཏོགས་དགོས་ཤིང་བེམ་ཤེས་གང་རུང་དུ་བསྡུ་བར་མི་འོས་
པའི་ཆོས་ལ་སེམས་དང་མཚུངས་པར་ལྡན་པ་མིན་པའི་འདུ་བྱེད་ཀྱི་ཆོས་ཡིན་
པ་ཞེས་བྱའོ། །དེ་ལྟར་བེམ་ཤེས་ལྡན་མིན་གསུམ་གྱིས་འདུས་བྱས་ཐམས་
ཅད་བསྡུས་པར་རིག་པར་བྱ་སྟེ། རྡུལ་དུ་གྲུབ་པར་བེམ་པོའོ། །གསལ་
ཞིང་རིག་པ་ཤེས་པའོ། །དེ་གཉིས་མ་ཡིན་པའི་འདུས་བྱས་ཐམས་ཅད་ལྡན་
མིན་འདུ་བྱེད་དོ། །ལྡན་མིན་འདུ་བྱེད་དེ་གང་ཞེ་ན། རང་གི་རྒྱུད་ལ་དགེ་
མི་དགེ་ལུང་མ་བསྟན་གྱི་ཆོས་གང་ཞིག་སྔར་མེད་གསར་དུ་ཐོབ་པ་དང་ཐོབ་པ་

དེའི་རྒྱུན་ལྡན་པ་ལ་ཐོབ་པ་ཞེས་བྱ་སྟེ། རྒྱུད་དུ་གཏོགས་པའི་ཆོས་ཡིན་ལ་འདུས་བྱས་ཀྱང་ཡིན་པས་ལྡན་མིན་འདུ་བྱེད་ཅེས་བྱའོ། །དེ་བཞིན་དུ་དགེ་སོགས་རང་རྒྱུད་ལ་ཐོབ་པ་ལས་ཉམས་ཏེ་འགྲིབ་པར་གྱུར་པ་ལ་མ་ཐོབ་པ་ཞེས་བྱའོ། །སེམས་ཅན་སོ་སོའི་རིས་སུ་སྐྱེས་ཏེ་སྐལ་པ་མཉམ་པའི་ཆོས་དེ་ལ་སྐལ་མཉམ་མམ་རིས་མཐུན་པ་ཞེས་བྱའོ། །འདུ་ཤེས་མེད་པའི་སྙོམས་འཇུག་ནི་དགེ་རྒྱས་ཀྱི་འདོད་ཆགས་དང་བྲལ་ལ་ཁམས་གོང་མའི་འདོད་ཆགས་དང་མ་བྲལ་བ་ཞིག་གིས་ཡིད་ལ་བྱེད་པའི་སྒོ་ནས་སེམས་སེམས་བྱུང་རྒྱུན་བརྟན་པ་མ་ཡིན་པ་འཇུག་ཤེས་དྲུག་པོ་རྣམས་གནས་སྐབས་སུ་འགོག་པར་བྱེད་པ་སྟེ། སེམས་སེམས་བྱུང་ཁེགས་པའི་གནས་སྐབས་དེ་ལྟ་བུ་སྙོམས་འཇུག་གི་ནུས་པས་སྔོན་མེད་གསར་དུ་ཐོབ་ཅིང་། ཡང་དེ་ལས་ལྡང་སྟེ་འགག་པའི་ཕྱིར་སྐྱེ་འགག་ཡོད་ཀྱང་དེ་བེམ་ཤེས་གང་ཡང་མིན་པའི་ཆོས་ཡིན་པས་ལྡན་མིན་འདུ་བྱེད་དུ་བཞག་གོ །དེ་བཞིན་དུ་སྙོམས་འཇུག་དེས་འཕངས་ནས་འདུ་ཤེས་མེད་པའི་ལྷ་རྣམས་ཀྱི་ནང་དུ་སྐྱེས་པ་འདུ་ཤེས་མེད་པ་པ་དང་། འགོག་པའི་སྙོམས་འཇུག་ནི་སྲིད་རྩེའི་སེམས་ལས་གྱེན་དུ་བསྐྱོད་དེ་བདག་མེད་པ་དང་ཞི་གནས་ཀྱི་འདུ་ཤེས་སྔོན་དུ་བཏང་བས་སེམས་བྱུང་བརྟན་པ་མིན་པ་རྣམས་དང་བརྟན་པ་ལས་ཁ་ཅིག་སྟེ། ཉོན་ཡིད་ཀྱིས་བསྡུས་པ་རྣམས་ཁེགས་པའོ། །འདི་གསུམ་ལྡན་མིན་འདུ་བྱེད་དུ་འཇོག་པའི་སྐབས་ནི་ཇི་སྲིད་སེམས་སེམས་བྱུང་འགོག་པའི་ནུས་པ་དེ་ལ་གོ་དགོས་སོ། ། |

བརྟན་པ་ཀུན་གཞི་ནི་འདུ་ཤེས་མེད་པ་པ་དང་སྙོམས་འཇུག་གཉིས་ཀྱིས་མི་ཁེགས་ཏེ་དེའི་དབང་གིས་སེམས་སྣང་ཡང་སྐྱེ་བར་རུང་ངོ་། །སྲོག་གི་དབང་པོ་ནི་སེམས་ཅན་རིས་མཐུན་པར་སྔོན་ལས་ཀྱི་དབང་གིས་ཇི་ཙམ་གནས་པའི་དུས་ངེས་པ་ཚེ་ཞེས་བརྗོད་པ་གང་ཡིན་པའོ། །སྐྱེ་བ་ནི་འདུ་བྱེད་རྣམས་སྔར་མ་བྱུང་བ་ལས་ད་ལྟར་བྱུང་བའོ། །གནས་པ་ནི་དེའི་རྒྱུན་གནས་པའོ། །རྒ་བ་ནི་རྒྱུན་གཞན་དུ་འགྱུར་བའོ། །མི་རྟག་པ་ནི་རྒྱུན་འཇིག་པ་སྟེ་འདི་བཞི་ལ་འདུས་བྱས་སུ་མཚོན་པའི་མཚན་ཉིད་བཞི་ཞེས་བྱའོ། །མིང་གི་ཚོགས་ནི་ཀ་བུམ་སོགས་དོན་གྱི་ངོ་བོ་ཙམ་བརྗོད་པའི་བརྡའོ། །ཚིག་གི་ཚོགས་ནི་དོན་གྱི་ངོ་བོ་དང་ཁྱད་པར་སྦྱར་ཏེ་སྟོན་པར་བྱེད་པའི་བླ་དྭགས་སོ། །ཡི་གེའི་ཚོགས་ནི་མིང་ཚིག་གཉིས་ཀྱི་རྩོམ་གཞིར་གྱུར་པའི་ཡིག་འབྲུ་ཨ་ལ་སོགས་པའོ། །འདི་གསུམ་སྐད་གདངས་ཀྱིས་བསྒྱུས་ན་ཡང་སྒྲ་ཙམ་དང་མི་འདྲ་བའི་ཁྱད་པར་སེམས་ཀྱི་བརྡར་བཏགས་ནས་བརྗོད་བྱ་ལུང་སྟོན་པ་སོགས་ཀྱི་ནུས་པ་ཅན་འདུ་བྱེད་ཀྱི་ཆོས་སུ་གཏོགས་པའོ། །མངོན་པ་མཛོད་ལས་བཅུ་བཞི་པོ་འདི་ཙམ་གསུངས་སོ། །མངོན་པ་ཀུན་བཏུས་ལས་སྔ་མ་བཅུ་བཞིའི་སྟེང་དུ། སོ་སོའི་སྐྱེ་བོ་ནི་འཕགས་པའི་ཆོས་མ་ཐོབ་པའོ། །འདི་ནི་བེམ་ཤེས་ལྡན་པ་ལ་བཏགས་པའི་གང་ཟག་གི་བྱེ་བྲག་གོ །འཇུག་པ་ནི་རྒྱུ་དང་འབྲས་བུ་རྒྱུན་མི་འཆད་པར་འཇུག་པའོ། །སོ་སོར་ངེས་པ་ནི་རྒྱུ་དང་འབྲས་བུ་ཐ་དད་པའོ། །འབྱོར་འབྲེལ་བ་ནི་རྒྱུ་དང་འབྲས་བུ་རྗེས་སུ་མཐུན་

པའོ། །མགྱོགས་པ་ནི་རྒྱུ་དང་འབྲས་བུ་མྱུར་བར་འབྱུང་བའོ། །གོ་རིམ་ནི་རྒྱུ་དང་འབྲས་བུ་རེ་རེ་ནས་རིམ་བཞིན་འབྱུང་བའོ། །དུས་ནི་རྒྱུ་དང་འབྲས་བུ་རྒྱུན་དུ་འབྱུང་བའི་ཡུན་གྱི་གནས་སྐབས་སོ། །ཡུལ་ནི་ཕྱོགས་བཅུ་པོ་ཐམས་ཅད་ན་རྒྱུ་དང་འབྲས་བུ་ཡོད་པ་ལས་བཏགས་པའོ། །གྲངས་ནི་འདུ་བྱེད་རྣམས་སོ་སོ་ཐ་དད་པ་ལ་བགྲངས་ཏེ་བཞག་པའོ། །ཚོགས་པ་ནི་རྒྱུ་དང་འབྲས་བུའི་རྐྱེན་འདུས་པའི་གནས་སྐབས་ལས་སོ། །ཉེར་བཞི་པོ་འདི་དག་གིས་མཚོན་ནས་བེམ་ཤེས་ཀྱི་གནས་སྐབས་ལ་བཏགས་པའི་ཆོས་འདུས་བྱས་སུ་བསྡུ་དགོས་ལ་བེམ་ཤེས་གང་དུ་བསྡུར་མི་འོས་དུ་མ་ཡོད་པ་ཤེས་པར་བྱའོ། ༈

5. Das Skandha des Bewusstseins

།རྣམ་པར་ཤེས་པའི་ཕུང་པོ་ནི། ཆོས་རྣམས་ཀྱི་དོན་གྱི་ངོ་བོ་སོ་སོར་རིག་པར་བྱེད་པ་སྟེ་དེ་ལ་དབྱེ་ན། མིག་གི་རྣམ་པར་ཤེས་པ་ནས་ཡིད་ཀྱི་རྣམ་པར་ཤེས་པའི་བར་གྱི་ཚོགས་དྲུག་ནི། བདག་རྐྱེན་མིག་གི་དབང་པོ་ལ་བརྟེན་ནས་སྐྱེས་པའི་བློ་གང་གིས་གཟུགས་ཤེས་པ་ནས། བདག་རྐྱེན་ཡིད་དབང་ལ་བརྟེན་ནས་སྐྱེས་པའི་བློ་གང་གིས་རང་ཡུལ་ཐུན་མིན་ཆོས་ཁམས་དང་དེ་ལས་གཞན་པ་རྣམས་ཀྱང་ཤེས་པའི་བར་དུའོ། །སེམས་ཙམ་གྱི་མདོ་དང་བསྟན་བཅོས་ལས་ཚོགས་བརྒྱད་དུ་བཞེད་དེ། ཡིད་ཤེས་ཀྱི་བྱེ་བྲག་རྟག་ཏུ་ཉློམ་སེམས་པ་གང་ཞིག ནང་དུ་ཀུན་གཞིའི་རྣམ་ཤེས་ལ་དམིགས་ནས།

བདག་ཏུ་ལྟ་བ་དང་། ངའོ་སྙམ་པའི་ང་རྒྱལ་དང་། བདག་ཏུ་ཆགས་པ་དང་། མ་རིག་པ་སྟེ་ཉོན་མོངས་བཞི་པོ་དང་མཚུངས་པར་ལྡན་པའི་སེམས་དེ་ནི། འཕགས་ལམ་མངོན་གྱུར་དང་། འགོག་པའི་སྙོམས་འཇུག་དང་། མི་སློབ་པའི་ས་མ་གཏོགས་པར་དགེ་མི་དགེ་ལུང་མ་བསྟན་གྱི་སེམས་ཐམས་ཅད་དུ་འགྲོ་བ་ལ་ཉོན་མོངས་པའི་ཡིད་ཅེས་བྱའོ། །ཀུན་གཞིའི་རྣམ་ཤེས་ནི་ཕུང་ཁམས་སྐྱེ་མཆེད་ཀྱིས་ཡོངས་སུ་བསྒོས་པའི་ས་བོན་ཐམས་ཅད་པ་འཛིན་པ་སེམས་ཀྱི་གཞི་གསལ་རིག་ཙམ་རིས་སུ་མ་ཆད་པ་སྟེ། འདི་ལ་གནས་དོན་ལུས་སུ་སྣང་བ་འབྱུང་རུང་གི་ས་བོན་ཙམ་དུ་གནས་པའི་ཆ་ནས་ཀུན་གཞི་དང་ལེན་པའི་རྣམ་པར་ཤེས་པ་ཞེས་ཀྱང་བྱ། གནས་དོན་ལུས་སུ་སྣང་ཡང་རྨི་ལམ་གྱི་སྣང་བ་ལྟར་ཀུན་གཞིའི་རྣམ་ཤེས་ཉིད་དེར་སྣང་བ་ཙམ་དུ་ཟད་པའི་ཆ་ནས་རྣམ་པར་སྨིན་པའི་ཀུན་གཞིའམ་དེའི་རྣམ་ཤེས་ཞེས་ཀྱང་བྱའོ། །སེམས་དང་ཡིད་དང་རྣམ་ཤེས་ནི་དོན་གཅིག་མིང་གི་རྣམ་གྲངས་ཙམ་དུ་བཞེད་པ་ཡོད་ལ། ཡང་སེམས་ཀུན་གཞིའི་རྣམ་ཤེས། ཡིད་ཉོན་མོངས་པའི་ཡིད། རྣམ་པར་ཤེས་པ་ཚོགས་དྲུག་གི་མིང་དུ་བཞེད་དོ། །དེ་ལྟར་ཕུང་པོ་ལྔ་པོ་དེས་འདུས་བྱས་ཀྱི་ཆོས་ཐམས་ཅད་བསྡུས་པའི་ཕྱིར་ན། དེ་ལས་བརྟམས་ཏེ་དུས་ལ་སོགས་པ་རྣམ་གྲངས་དང་རྣམ་བཞག་མང་པོ་འབྱུང་བའི་གཞི་ཡིན་པས། ཕུང་པོ་ལྔ་པོ་དེ་ལ་དུས་དང་གཏམ་གྱི་གཞི་དང་། ངེས་པར་འབྱུང་བ་དང་བཅས་པ། རྒྱུ་དང་བཅས་པ་ཞེས་ཟེར་ཞིང་། འཇིག་

རྟེན་དང་ལྡན་པའི་གནས་དང་སྲིད་པ་ཞེས་ཀྱང་བྱའོ། །འདུན་པ་དང་འདོད་ཆགས་ཀྱི་སྒོ་ནས་ཉེ་བར་ལེན་པས་ཟག་བཅས་ཉེར་ལེན་གྱི་ཕུང་པོ་ལ་ནི་འཐབ་པ་དང་བཅས་པ་དང་སྡུག་བསྔལ་དང་ཀུན་འབྱུང་ཞེས་ཀྱང་བྱའོ། །ཕུང་པོའི་རབ་ཏུ་དབྱེ་བའི་སྐབས་སོ།། ༔

Die 18 Dhatus

།།ཁམས་བཅོ་བརྒྱད་ནི། གཟུགས་ཀྱི་ཕུང་པོ་ལས་ཁམས་བཅུ་བཞག་སྟེ། གང་ཞེ་ན་མིག་གི་ཁམས་ནས་ལུས་ཁམས་ཀྱི་བར་ལྔ་དང་། གཟུགས་ནས་རེག་བྱའི་བར་གྱི་ཁམས་ལྔ་སྟེ་བཅུའོ། །རྣམ་པར་ཤེས་པའི་ཁམས་བདུན་ཏེ་མིག་གི་རྣམ་ཤེས་ཀྱི་ཁམས་ནས་ཡིད་ཀྱི་རྣམ་ཤེས་ཀྱི་ཁམས་ཀྱི་བར་དྲུག་དང་། ཡིད་ཀྱི་ཁམས་དང་བདུན་ནོ། །ཡིད་ཀྱི་ཁམས་ཞེས་པ་ཡིད་ཀྱི་དབང་པོ་སྟེ་རྣམ་པར་ཤེས་པ་དྲུག་པོ་འགག་མ་ཐག་པ་དེ་ཡིད་ཤེས་སྐྱེད་པའི་དབང་པོ་ཡིན་ནོ། །ཆོས་ཀྱི་ཁམས་ཞེས་བྱ་བ། ཚོར་བ་འདུ་ཤེས་འདུ་བྱེད་ཀྱི་ཕུང་པོ་གསུམ་དང་། རྣམ་པར་རིག་བྱེད་མིན་པའི་གཟུགས་དང་། འདུས་མ་བྱས་ཐམས་ཅད་དོ། །འདུས་མ་བྱས་ལ། སོ་སོར་བརྟགས་པས་འགོག་པ་དང་སོ་སོར་བརྟགས་མིན་གྱིས་འགོག་པ་དང་ནམ་མཁའ་དང་གསུམ་དུ་མཛོད་ལས་བཤད། དེ་ལྟ་ན་ཆོས་ཁམས་བདུན་དུ་འདོད། ཡང་སེམས་ཙམ་པ་

སོགས་ཀྱིས་དེ་བཞིན་ཉིད་བསྟན་ཏེ་བཞིར་བཞེད། ཀུན་བཏུས་སུ། དགེ་མི་དགེ་ལུང་མ་བསྟན་གྱི་དེ་བཞིན་ཉིད་གསུམ་དང་། འདུ་ཤེས་མེད་པ་དང་། འགོག་པའི་སྙོམས་འཇུག་གི་དུས་ཀྱི་སེམས་ཁེགས་པའི་གནས་སྐབས་གཉིས་ཏེ། གོང་གི་གསུམ་དང་བསྡོམས་པས་འདུས་མ་བྱས་བརྒྱད་དུ་བཞེད་དོ། །དེ་ལ་སོ་སོར་བརྟགས་འགོག་ནི། སོ་སོར་བརྟགས་པའི་ཤེས་རབ་སོགས་ལམ་གྱི་སྟོབས་ལས་སྒྲིབ་བྱ་ཉོན་མོངས་སོགས་གཏན་དུ་བྲལ་བའི་འདུས་མ་བྱས་ཀྱི་ཆའོ། །བརྟགས་མིན་འགོག་པ་ནི། སོ་སོར་བརྟགས་པས་ཁེགས་པ་མིན་ཡང་རྒྱུ་རྐྱེན་མ་ཚང་བའི་སྟོབས་ཀྱིས་གང་ན་གང་མེད་པ་སྐྱེ་རྟ་ཡི་མགོ་ལ་རྭ་ལྟ་བུའོ། །ཕྱོགས་གང་ན་བུམ་པ་མེད་པ་ལྟ་བུ་སོགས་མེད་པའི་བྱེ་བྲག་ཐམས་ཅད་འདིར་འདུའོ། །ནམ་མཁའ་ནི་གཟུགས་རུང་མེད་ཅིང་བྱེད་པ་ཐམས་ཅད་ཀྱི་གོ་འབྱེད་པ་ལ་མི་སྒྲིབ་པའོ། །དགེ་སོགས་ཆོས་རྣམས་ཀྱི་དེ་བཞིན་ཉིད་ནི་ཆོས་ཀྱི་དབྱིངས་སོ། །མི་གཡོ་བ་ནི་འདུ་ཤེས་མེད་པའི་སྙོམས་འཇུག་གོ །འདུ་ཤེས་དང་ཚོར་བ་འགོག་པ་ནི་འགོག་པའི་སྙོམས་འཇུག་གོ །དེ་ལྟར་ཆོས་ཀྱི་སྐྱེ་མཆེད་པའི་གཟུགས་ལྔ་དང་། ཚོར་འདུ་འདུ་བྱེད་ཀྱི་ཕུང་པོ་གསུམ་དང་། འདུས་མ་བྱས་བརྒྱད་དེ་བཅུ་དྲུག་པོ་དེ་ལ་ཆོས་ཀྱི་ཁམས་ཞེས་བྱའོ། །དེ་ལྟར་མིག་གི་ཁམས་དང་། གཟུགས་ཀྱི་ཁམས་དང་། མིག་ཤེས་ཀྱི་ཁམས་ནས། ཡིད་ཤེས་ཀྱི་བར་དྲུག་ཚན་གསུམ་སྟེ་བཅོ་བརྒྱད་པོ་དེ་ལས། མིག་ནས་ཡིད་ཀྱི་བར་དྲུག་པོ་ཡུལ་ལ་འཛིན་པར་བྱེད་པའི་

རྒྱུའམ་རིགས་སམ་ས་བོན་གྱི་དོན་དང་། དེ་བཞིན་དུ་གཟུགས་ནས་ཆོས་ཀྱི་བར་དྲུག་པོ་གཟུང་བའི་དང་། མིག་ཤེས་ནས་ཡིད་ཤེས་ཀྱི་བར་དྲུག་པོ་ཡུལ་དངོས་སུ་འཛིན་པའི་རྒྱུའམ་རིགས་སམ་ས་བོན་གྱི་དོན་ཏེ་ཁམས་ཞེས་པ་རྒྱུའམ་རིགས་དང་ས་བོན་གྱི་དོན་ཅན་ནོ། །གཞན་ཡང་སྐྱེས་བུ་ཁམས་དྲུག་པ་ཞེས་ས་ཆུ་མེ་རླུང་ནམ་མཁའ་རྣམ་ཤེས་ཀྱི་ཁམས་དྲུག་གསུངས་པ་དེ་ལུས་ཀྱི་འབྱུང་བ་བཞི་དང་། ནང་གི་བུ་ག་སྟོང་པའི་ཆ་ནི་ནམ་མཁའ་དང་། རྣམ་ཤེས་ཀྱི་ཁམས་ཏེ། དེས་མཚོན་པའི་ཁམས་ཀྱི་མིང་གིས་བཏགས་པའི་དབྱེ་བ་གཞན་དག་ཀྱང་དོན་གྱིས་ཁམས་བཅོ་བརྒྱད་དུ་མ་འདུས་པ་མེད་དོ། ཁམས་ཀྱི་རབ་དབྱེ་ལ་ཁམས་བཅོ་བརྒྱད་ལས། གཟུགས་ཅན་དུ་གཏོགས་པ་དབང་ལྔ་དོན་ལྔའི་ཁམས་བཅུ་དང་ཆོས་ཁམས་ཀྱི་ཕྱོགས་གཅིག་སྟེ། ལྷག་མ་གཟུགས་ཅན་མིན་པའོ། །མིག་ལམ་དུ་བསྟན་དུ་ཡོད་པ་ནི་གཟུགས་ཁམས་གཅིག་པུ། ལྷག་མ་བསྟན་མེད་དོ། །ཕན་ཚུན་ཐོགས་པ་དང་བཅས་པ་ནི་དབང་ལྔ་ཡུལ་ལྔ་སྟེ་གཟུགས་ཅན་བཅུ་ལས་ལྷག་མ་རྣམས་ཐོགས་པ་མེད་པའོ། །ཟག་མེད་ནི་ཁམས་ཐ་མ་ཡིད་དང་ཡིད་ཤེས་དང་ཆོས་ཁམས་ཀྱི་སེམས་བྱུང་ལམ་བདེན་དུ་གཏོགས་པ་དང་འདུས་མ་བྱས་རྣམས་ཡིན་ལ་དེ་རྣམས་མ་གཏོགས་པའི། ཁམས་ལྷག་མ་རྣམས་ཉོན་མོངས་སྐྱེ་བའི་མངོན་སུམ་གྱི་སྤྱོད་ཡུལ་ཡིན་པའི་ཕྱིར་ཟག་བཅས་སོ། །འདོད་པ་ན་ཁམས་ཐམས་ཅད་ཡོད། གཟུགས་ཁམས་ན་དྲི་རོ་དང་སྣ་ལྕེའི་རྣམ་ཤེས་ཀྱི་ཁམས་མ་

གཏོགས་པ་བཅུ་བཞི་ཡོད། གཟུགས་མེད་ན་ཁམས་ཐ་མ་གསུམ་གྱི་ཆ་ཤས་
ཡོད་དོ། །སེམས་ཁམས་བདུན་དང་གཟུགས་སྒྲ་དང་ཆོས་ཁམས་བཅུ་ལ་
དགེ་མི་དགེ་ལུང་མ་བསྟན་གསུམ་ཆར་ཡོད། ལྷག་མ་རྣམས་ལུང་དུ་མ་
བསྟན་པའོ། །གཟུགས་སྒྲ་དྲི་རོ་རེག་ཆོས་ཀྱི་ཁམས་དྲུག་ཕྱི། ལྷག་མ་
བཅུ་གཉིས་ནི་ནང་གིའོ། །དམིགས་པ་དང་བཅས་པ་ནི་སེམས་ཁམས་བདུན་
དང་། ཆོས་ཁམས་ཀྱི་ཕྱོགས་གཅིག་སེམས་བྱུང་རྣམས་སོ། །ལྷག་མ་
རྣམས་དམིགས་པ་མེད་པའོ། །རྟོག་བཅས་ནི་ཡིད་དང་ཡིད་ཤེས་ཀྱི་ཆ་དང་
ཆོས་ཁམས་ཀྱི་ཕྱོགས་གཅིག་སེམས་བྱུང་གི་ཆ་རྟོག་བཅས་རྣམས་སོ། །
རང་རྒྱུད་ཀྱི་ཚོར་བས་ཟིན་པ་དབང་པོ་ལྔ་དང་ནང་གི་གཟུགས་དྲི་རོ་རེག
དགུའོ། །ཆོས་ཁམས་ཀྱི་ཕྱོགས་གཅིག་འདུས་མ་བྱས་རྟག་པ་ཡིན་ལ།
གཞན་རྣམས་འདུས་བྱས་དང་མི་རྟག་པའོ། །དབང་པོ་ལྔ་དང་སེམས་སེམས་
བྱུང་ནི་འཛིན་པ་དང་། གཞན་རྣམས་གཟུང་བའོ། །རྟོག་དཔྱོད་གཉིས་དང་
བཅས་པ་ནི་རྣམ་ཤེས་ཀྱི་ཁམས་ལྔའོ། །ཡིད་ཡིད་ཁམས་སེམས་བྱུང་རྣམས་
ལ་རྟོག་དཔྱོད་གཉིས་བཅས། གཉིས་མེད། རྟོག་མེད་དཔྱོད་བཅས་གསུམ་
ཡོད། དེ་དག་གི་ལྷག་མ་རྣམས་རྟོག་དཔྱོད་མེད་པའོ། །གཟུགས་ཅན་གྱི་
ཁམས་བཅུ་ནི་རྡུལ་ཕྲན་བསགས་པའོ། །ལྷག་མ་ནི་མ་བསགས་པའོ། །
གཅོད་བྱེད་ཡིན་པ་དང་གཅད་བྱ་ཡིན་པ་གཟུགས་དྲི་རོ་རེག་བཞི་ཁོ་ན་སྟེ།
བསྲེག་འཇལ་ཀྱང་དེ་བཞིན་ནོ། །གཟུགས་ཅན་བཅུ་དང་མིག་ཤེས་སོགས་

ལྷ་ནི་སྒོམ་པས་སྤང་བྱ། །ཁམས་ཐ་མ་གསུམ་ལ་མཐོང་སྒོམ་གྱིས་སྤང་བྱ་
དང་སྤང་བྱ་མིན་པ་གསུམ་དུ་ཡོད་དོ། །བྱུང་བ་གསུམ་གྱི་ཁྱད་པར་དབྱེ་ན།
རྣམ་སྨིན་དང་རྒྱས་བྱུང་ནི་ནང་གི་དབང་པོ་ལྔའོ། །རང་གི་རིགས་འདྲའི་རྒྱུ་
མཐུན་དང་རྣམ་སྨིན་ལས་སྐྱེས་པ་སེམས་ཁམས་བདུན་དང་ཆོས་ཁམས་ཀྱི་
ཕྱོགས་གཅིག་སེམས་བྱུང་རྣམས་ཏེ་ཐོགས་པ་མེད་པ་བརྒྱད་པོ་དེའི་ཆ་འགའོ།
།སྒྲ་ལ་རྒྱུན་མེད་པས་རྣམ་སྨིན་ལས་སྐྱེས་པ་མིན་ལ། དབྱངས་སྙན་མི་སྙན་
དུ་བྱེད་པའི་རྒྱུ་མགྲིན་པའི་དབྱིབས་སོགས་རྣམ་སྨིན་ལས་སྐྱེས་པའོ། །འདི་
དག་གི་ལྷག་མ་དབང་པོའི་ཚོགས་པ་ཡོད་པ་རྣམས་ལ་རྒྱུ་མཐུན་རྒྱས་བྱུང་རྣམ་
སྨིན་ལས་བྱུང་བ་གསུམ་ཡོད་ལ། ཕྱི་རོལ་གྱི་ཁམས་རྣམས་རྒྱུ་མཐུན་ཁོ་ན་
ལས་སོ། །རྒྱས་བྱུང་ཞེས་པ་ལུས་རྒྱས་པའི་རྒྱུ་བཞི་ནི། ཟས་དང་།
བཀྲུ་མཉེ་དྲིལ་ཕྱིས་སོགས་ལེགས་པར་བྱ་བ་དང་། གཉིད་དང་། ཏིང་ངེ་
འཛིན་བཞིའོ། །དབང་པོ་རྣམས་ལ་རང་གི་ཤེས་པ་དངོས་སུ་རྟེན་པའི་བྱ་བ་
བྱེད་བཞིན་པ་སད་ཅིང་གཟུགས་ལ་རྟོག་པའི་མིག་དབང་གི་གནས་སྐབས་ལྟ་
བུ་ལ་དབང་པོ་རྟེན་བཅས་དང་། དེ་ལྟ་མིན་པ་གཉིད་ལོག་པའི་མིག་དབང་
ལྟ་བུ་ལ་དེ་མཚུངས་ཞེས་བྱའོ། །ཁམས་གོང་མའི་ལུས་ལ་འོག་མའི་མིག་
རྟེན་པ་མིན་ཏེ། རང་ས་ན་མིག་མཆོག་ཏུ་གྱུར་པ་ཡོད་པའི་ཕྱིར་རོ།
།ཁམས་འོག་མའི་མིག་དབང་གིས་གོང་མའི་གཟུགས་མི་མཐོང་སྟེ་ཕྲ་བའི་ཕྱིར།
རྣ་བའང་དེ་ལྟ་བུའོ། །འདོད་པའི་ཁམས་པས་བསྒོམས་སྟོབས་ཀྱིས་ལྷའི་

མིག་རྣ་ཐོབ་ན། བསམ་གཏན་དེ་བའི་སས་བསྡུས་པའི་འབྱུང་བ་རྒྱུར་བྱས་པའི་དབང་པོ་དྭངས་པ་རང་གི་མིག་དང་རྣ་བའི་ཐོན་ཀོར་དུ་འབྱུང་སྟེ། དབང་པོ་དེ་ནི་རྟག་ཏུ་རྟེན་བཅས་ཡིན་ལ། ཞར་འོན་ལྷ་བུའི་མ་ཚང་བ་མེད་ཅིང་། ཐག་རིང་བ་དང་ཕྲ་བའི་གཟུགས་དང་། བསྒྲིབ་ཅིང་བར་ཆོད་པ་རྣམས་ཀྱང་མཐོང་བ་དང་ཐོས་པར་བྱེད་པའོ། །དེ་ཡང་བསམ་གཏན་དང་པོའི་དབང་པོས་རང་ས་དང་འདོད་པའི་སྤྱོད་ཡུལ་ཞེས་པ་སོགས་འགྲེའོ། ། ལྷའི་མིག་དེ་ལྷ་བུ་དགྲ་བཅོམ་པ་ལ་ཡོད་པས་སྟོང་གཉིས་དང་། རང་རྒྱལ་བསེ་རུ་ལྷ་བུས་སྟོང་གསུམ་དང་། སངས་རྒྱས་ཀྱིས་གྲངས་མེད་པའི་བར་དུ་གཟིགས་སོ། །ལྷའི་མིག་དེ་ཚེ་འདིར་བསམ་གཏན་བསྒོམས་སྟོབས་ཀྱིས་མིན་ཀྱང་། སྔོན་བསྒོམས་པ་སོགས་ཀྱི་རྣམ་སྨིན་ལས་སྐྱེས་པ་སྐྱེ་བས་ཐོབ་པ་ཡོད་ཀྱང་། དེས་བར་སྲིད་མི་མཐོང་ཞེས་བཤད་དོ། །དེ་ལ་སོགས་པ་ཁམས་གོང་འོག་གི་དབང་པོ་དང་ཞེས་པ་འབྱུང་ཚུལ་སྣ་ཚོགས་ཞེས་པར་བྱའོ། །ཁམས་ཀྱི་སྐབས་སོ།།

Die 12 Ayatanas

།།སྐྱེ་མཆེད་བཅུ་གཉིས་ནི། མིག་གི་ཁམས་དང་མིག་གི་སྐྱེ་མཆེད་དོན་གཅིག་སྟེ། སོ་སོའི་སྐབས་ཀྱི་རྣམ་བཞག་བྱ་ཚུལ་ཙམ་མོ། །དེ་བཞིན་དུ་

གཟུགས་ཅན་གྱི་ཁམས་བཅུ་ནི་དེ་དེའི་སྐྱེ་མཆེད་དང་། ཆོས་ཁམས་ནི་ཆོས་ཀྱི་སྐྱེ་མཆེད་དོ། །རྣམ་པར་ཤེས་པའི་ཁམས་བདུན་ནི། ཡིད་ཀྱི་སྐྱེ་མཆེད་དུ་བསྡུས་པའོ། །དེ་ལ་མིག་གི་སྐྱེ་མཆེད་དང་། གཟུགས་ཀྱི་སྐྱེ་མཆེད་ནས། ཡིད་དང་ཆོས་ཀྱི་སྐྱེ་མཆེད་བར་བཅུ་གཉིས་སོ། །དེ་ཡང་མིག་ནས་ཡིད་ཀྱི་བར་ནང་གི་དྲུག་པོ་འཛིན་པ་དང་། གཟུགས་ནས་ཆོས་ཀྱི་བར་ཕྱིའི་དྲུག་ནི་གཟུང་བ་སྟེ། གཟུང་འཛིན་གྱི་སྒོ་ནས་རྣམ་ཤེས་ཡུལ་ལ་སྐྱེ་ཞིང་མཆེད་པའི་སྒོར་གྱུར་པས་སྐྱེ་མཆེད་ཅེས་བྱའོ། །ཕུང་པོ་ལྔས་འདུས་བྱས་ཐམས་ཅད་བསྡུས་ཀྱང་། འདུས་མ་བྱས་མ་བསྡུས་ལ། ཁམས་སྐྱེ་མཆེད་དུ་ནི་བསྡུས་པའི་ཕྱིར་འདི་གཉིས་ཀྱི་ཁོངས་སུ་ཤེས་བྱ་ཐམས་ཅད་འདུའོ། །གོང་དུ་ཁམས་ཀྱི་རབ་དབྱེ་བཤད་པས་སྐྱེ་མཆེད་ལ་ཡང་དེ་ལྟར་དོན་གྱིས་ཤེས་སོ། །སྐབས་འདིར་ཡིད་ཆོས་ཀྱི་སྐྱེ་མཆེད་ལས་འཕྲོས་ཏེ་ཐ་སྙད་ཀྱི་རྣམ་བཞག་འགའ་ཞིག་བརྗོད་པ་ལ། ཡིད་ཀྱིས་ནི་མིག་སོགས་ཀྱི་ཡུལ་གཟུགས་སོགས་ཀྱང་ཤེས། དབང་ལྔ་ཡང་རྣམ་ཤེས་དང་རྗེས་སུ་འགྲོ་ལྡོག་གི་ཚུལ་གྱིས་ཡོད་པར་ཤེས་པས་ཤེས་བྱ་ཐམས་ཅད་ཀྱི་ཡུལ་ཅན་ནོ། །དེར་མ་ཟད་ནང་དུ་ཤེས་པའི་རྒྱུད་གཅིག་གིས་བསྡུས་ཤིང་རང་རིག་པའི་ཕྱིར། ཡིད་ཤེས་རྟོག་མེད་ཀྱི་ཡུལ་དུ་སྒོ་ལྔའི་ཤེས་པ་དང་། ཡིད་རང་དང་བཅས་པ་ཡང་འགྱུར་བས། ཡིད་ནི་ཆོས་ཀུན་གྱི་ཡུལ་ཅན་ཡིན་ལ། དེའི་ཕྱིར་ཡིད་རྟོག་བཅས་ཀྱིས་ནི་ཕྱི་དང་ནང་གི་ཆོས་སོ་ཅོག་ལ་ཐ་སྙད་བྱེད་དུ་རུང་ཞིང་།

དེའི་སྒོ་ནས་ཤེས་བྱ་རྣམས་ལ་མ་རྨོངས་པར་འགྱུར་རོ། །དེས་ན་ཡིད་ནི་ཆོས་ཀུན་གྱི་ཡུལ་ཅན་དང་། ཆོས་རྣམས་ཀྱི་དོན་ཤེས་པར་བྱེད་པ་དང་། འཇུག་ལྡོག་བྱེད་པ་པོ་ཡིན་ལ། ཡིད་དེ་དགེ་ན་ཤེས་པ་གཞན་ཡང་དགེ་བ་སོགས་དང་། ཡིད་དེའི་ཡིད་བྱེད་ཀྱི་དབང་གིས་ཤེས་པ་གཞན་ཡུལ་ལ་འཇུག་ལྡོག་བྱེད་པ་སོགས་ཀྱི་ཕྱིར་ཡིད་ནི་གཙོ་བོ་ཡིན་ཏེ། བཅོམ་ལྡན་འདས་ཀྱིས་མདོ་ལས། ཆོས་ཀྱི་སྔོན་དུ་ཡིད་འགྲོ་སྟེ། །ཡིད་མགྱོགས་ཡིད་ནི་གཙོ་བོ་ཡིན། །ཞེས་གསུངས་པ་ལྟར་རོ། །དེའི་ཕྱིར་ཤེས་བྱེད་ཐམས་ཅད་བློ་དང་། ཤེས་བྱ་ཐམས་ཅད་ཆོས་སུ་འདུའོ། །བློ་དེ་ལ་སྒོ་ལྔའི་རྣམ་ཤེས་ནི་རྣམ་པ་ཀུན་ཏུ་རྟོག་མེད་ཡིན་ལ། ཡིད་ལ་རྟོག་བཅས་རྟོག་མེད་གཉིས་ཡོད་དེ། རྟོག་མེད་ཀྱི་ཤེས་པའི་ཡུལ་ནི། ཡུལ་དུས་རྣམ་པ་མ་འདྲེས་པ། རང་དུས་ཀྱི་རང་མཚན་མིང་གི་སྒྲ་དང་འདྲེས་སུ་མི་རུང་བའོ། །རྟོག་བཅས་ཀྱི་ཡུལ་ནི་བུམ་པ་སོགས་ཆོས་རྣམས་ཀྱི་རང་རང་གི་དོན་གྱི་སྤྱི་ཙམ་ཞིག་ཡིད་ངོར་སྣང་བ་སྟེ། འདི་ནི་མིང་གི་སྒྲ་དང་འདྲེས་སུ་རུང་བ་ཡིན་པས་འདི་ལ་དོན་སྤྱིའམ་སྒྲ་དོན་ཞེས་བྱ་སྟེ། བརྡ་ལ་བྱང་བ་རྣམས་ཀྱིས་དེ་དང་སྒྲ་བསྲེས་ནས་བཟུང་བ་དེའི་སྒོ་ནས་ཡུལ་དུས་རྣམ་པ་བསྲེས་པའི་ཚུལ་གྱིས་བུམ་པ་ལ་སོགས་པ་ཆོས་རྣམས་ཀྱི་རྣམ་བཞག་སྣ་ཚོགས་བྱེད་དོ། །ཤེས་བྱ་དང་། དེའི་དབྱེ་བ་དངོས་དངོས་མེད་གཉིས་དང་། དངོས་པོ་ལ་བེམ་ཤེས་ལྡན་མིན་འདུ་བྱེད་གསུམ་དུ་དབྱེ་བ་ལྟ་བུའི་ཐ་སྙད་དང་། དེ་དག་

གོང་མ་གོང་མར་བསྒྱུ་བ་དང་། ཞེས་བྱ་དང་དངོས་པོ་ནི་བེམ་པོ་སོགས་ཀྱི་སྤྱི་ཡིན་པ་དང་། བེམ་པོ་སོགས་དེའི་བྱེ་བྲག་ཡིན་པ་དང་། བཏགས་པ་ལ་མི་ལྟོས་པར་རང་ཉིད་རྫས་སུ་ཡོད་པ་སྔོན་པོ་ལྟ་བུ་དང་། བཏགས་པ་ཙམ་གྱིས་ཡོད་པ་སྤྱི་ལ་སོགས་པ་ལྟ་བུ་དང་། རྟོག་མེད་ཤེས་པ་རྣམས་སྣང་བའི་སྒོ་ནས་རྫས་ལ་འཇུག་པ་དང་། རྟོག་བཅས་ཀྱིས་དེ་མིན་གཞན་རྣམ་པར་བསལ་བས། གཞན་སེལ་ལམ། རྣམ་བཅད་དམ། གཞན་ལས་ལྡོག་པའི་སྒོ་ནས་བཏགས་པ་རྣམས་ལ་སེལ་བས་འཇུག་པ་ཡིན་ཞིང་། དེ་འདྲའི་བཏགས་པ་དེ་ལ་ལྡོག་པ་ཞེས་བྱའོ། །གཞན་སེལ་དེ་ལ་དོན་རང་བཙན་དེ་གཞན་ལས་ལོག་པའི་ངོ་བོར་གནས་པའི་ཆ་ནས་དོན་རང་མཚན་གྱི་གཞན་སེལ་དང་། གཞན་སེལ་བ་དང་མཐུན་པར་འཛིན་པའི་བློ་ཡི་གཞན་སེལ་གཉིས་ཡོད་དོ། །སེལ་བའམ་རྣམ་བཅད་དེའི་སྟོབས་ཀྱིས། གཞན་བུམ་པ་མིན་པ་རྣམ་པར་བཅད་ན། བུམ་པ་རང་ཉིད་ཡོངས་གཅོད་དུ་གྲུབ་ཅིང་། བུམ་པའི་སྟེང་ན་མ་བྱས་པ་ལས་ལོག་པའི་ཆ་ནས་བྱས་པ། རྟག་པ་ལས་ལོག་པའི་ཆ་ནས་མི་རྟག་པ་སོགས་ལྡོག་པའི་ཆོས་དུ་མར་འབྱེད་པའི་རྣམ་བཞག་བྱེད་དོ། །ཡང་ཡུལ་ཅན་བློ་ལ་རིགས་བཞི་སྟེ། མ་རྟོགས། ལོག་རྟོག ཐེ་ཚོམ། ཡང་དག་པར་རྟོགས་པའོ། །མ་རྟོགས་པའི་བྱེ་བྲག་ལ། མངོན་སུམ་སྣང་ལ་མ་ངེས་པ་དང་། རྗེས་དཔག་ཚད་མ་ལ་མ་བརྟེན་པའི་ཡིད་དཔྱོད་གཉིས་ནི། ཡིད་ཤེས་ལ་ངེས་པ་འདྲེན་མི་ནུས་པའི་ཆ་

ནས་བཞག་པའོ། །ལོག་རྟོག་ནི་ཕྱིན་ཅི་ལོག་ཏུ་འཛིན་པའོ། །ཐེ་ཚོམ་ནི་རྩེ་གཉིས་སུ་འཇུག་པ་ཕྱོགས་མ་ཆོད་པའོ། །ཡང་དག་པར་རྟོགས་པ་ལ་རྒྱུ་མངོན་སུམ་ཚད་མ་དང་། རྗེས་དཔག་ཚད་མ་གཉིས་སོ། །དེ་གཉིས་ཀྱི་འབྲས་བུ་བཅད་ཤེས་ཏེ་ངེས་ཤེས་སོ། །ཡུལ་ལ་སྣང་ཡུལ་ནི་རྟོག་མེད་ཤེས་པའི་ཡུལ་གཟུགས་སོགས་ལྟ་བུ་ཞེན་ཡུལ་ནི་རྟོག་བཅས་ཀྱི་ཤེས་པས་དོན་སྤྱི་ལ་ཡུལ་དུ་ཞེན་པ། དེ་གཉིས་ཀར་ཡང་སྐྱེས་བུའི་འཇུག་ལྡོག་གི་ཡུལ་དུ་བྱེད་པའི་ཆ་ནས་འཇུག་ཡུལ། བློས་གཟུང་བར་བྱ་བའི་ཡུལ་ཡིན་པའི་ཆ་ནས་གཟུང་ཡུལ་ཞེས་བརྗོད་ལ། དེ་ལྟར་ཡུལ་ཡུལ་ཅན་གྱི་རྣམ་བཞག་དང་། ཡང་འགལ་འབྲེལ་གྱི་རྣམ་བཞག་ལ། འགལ་བ་གཉིས་ཏེ་རྒྱུན་ནུས་མཚུངས་སུ་མི་འགྲོགས་པ་ལྷན་ཅིག་མི་གནས་འགལ་ཡིན་ལ། དེ་ལ་བདག་འཛིན་དང་བདག་མེད་འཛིན་པ་ལྟ་བུ་བློ་འགལ་དང་། ཚ་རེག་གྲང་རེག་ལྟ་བུ་དོན་འགལ་དང་གཉིས་ཡོད། ཕན་ཚུན་སྤང་འགལ་ལ་དངོས་འགལ་རྟག་མི་རྟག་ལྟ་བུ། བརྒྱུད་འགལ་འགལ་ཟླའི་ཁྱབ་བྱ་དང་འགལ་ཟླ་ཅིག་ཤོས་ཏེ། རྟག་པ་དང་། བྱས་པ་ལྟ་བུ་གཉིས་སོ། །འབྲེལ་བ་ལ་བྱས་མི་རྟག་ལྟ་བུ་ལྡོག་པ་ཐ་དད་ཀྱང་བུམ་པའི་ཆོས་སུ་ངོ་བོ་ཐ་དད་མེད་པ་ལྟ་བུ་བདག་གཅིག་འབྲེལ། མེ་དུ་ལྟ་བུ་དེ་བྱུང་འབྲེལ་གཉིས་སུ་ཡོད་དོ། །ཡང་བུམ་པ་ཞེས་པའི་བཏགས་དོན་ལྟོ་ལྡིར་བ་བུམ་པ་འཇུག་བྱེད་ཀྱི་མཚན་ཉིད། དེས་བཞག་པའི་བུམ་པའི་ཐ་སྙད་མཚོན་བྱ། དེ་གཉིས་གང་ལ་སྒྲུབ་

པའི་གཞིར་མཚོན་བྱའི་བྱེ་བྲག་ལས་གསེར་གྱི་ལྟོ་ལྡིར་བའི་གོང་བུ་འཛིན་པ་མཚན་གཞི་ལྟ་བུ་སྟེ། དེ་ལྟར་མཚན་མཚོན་གཞི་གསུམ་གྱི་རྣམ་བཞག་དང་། ཡང་བུམ་པ་ལྟ་བུ་ཁྱད་གཞི་ཆོས་ཅན་དང་། དེའི་སྟེང་དུ་ཁ་ཁྱེར་དང་ལྟོ་བ་འདབ་མ་སོགས་དང་བྱས་མི་རྟག་སོགས་ཆོས་ཇི་སྙེད་ཡོད་པ་ཁྱད་པར་གྱི་ཆོས་ཞེས་བྱ་བའི་རྣམ་བཞག་དང་། ཡང་བརྗོད་བྱ་རྗོད་བྱེད་ཀྱི་རྣམ་བཞག་ནི། བརྟག་བྱ་ཕྱི་རོལ་གྱི་དོན་དང་། དེའི་དོན་སྤྱི་བློ་ལ་སྣང་བའི་སྣང་བ་རྟགས་གཅིག་ཏུ་བསྲེས་ནས་བརྡའ་རྣམས་དོན་ལ་འབྱོར་བར་འགྱུར་ལ། དེ་ལ་དཔྱད་ན་མིང་གི་སྒྲས་དངོས་ཀྱི་བརྗོད་བྱ་དོན་སྤྱི། ཞེན་པས་བརྗོད་བྱ་དོན་རང་མཚན། དངོས་ཀྱི་རྗོད་བྱེད་སྒྲ་སྤྱི། ཞེན་པས་རྗོད་བྱེད་སྒྲ་རང་མཚན་ཡིན་ཀྱང་། ཡིད་རྟོག་བཅས་ཀྱིས་སྒྲ་དང་སྒྲ་སྤྱི་གཅིག་ཏུ་བསྲེས་ཏེ་རྗོད་བྱེད་དང་། དོན་དང་དོན་སྤྱི་གཅིག་ཏུ་བསྲེས་ཏེ་བརྗོད་བྱར་བཟུང་ནས། རྗོད་བྱེད་ཀྱི་ཚིག་ལས་བརྗོད་བྱའི་དོན་རྟོགས་པ་ཡིན་ནོ། །དེ་ལ་སོགས་པའི་ཐ་སྙད་དོན་མཐུན་གྱི་རྣམ་བཞག་འདི་དག་ལ་བརྟེན་ནས་ཤེས་བྱའི་དོན་ལ་མ་རྨོངས་པར་འགྱུར་བ་ཡིན་ནོ། །ཐ་སྙད་དེ་ལ་ཤེས་བརྗོད་འཇུག་གསུམ་དུ་བཞག་པ་ནི་སེམས་དང་ངག་དང་ལུས་ཀྱི་སྒོ་ནས་སོ། །ཐ་སྙད་བྱེད་པའི་རྒྱུའི་སྒོ་ནས་དབང་ཤེས་ཀྱིས་མངོན་སུམ་མཐོང་ནས་ཐ་སྙད་བྱེད་པ་མཐོང་བའི་ཐ་སྙད། དེ་བཞིན་དུ་ཡིད་ཆེས་པའི་ཚིག་ལས་ཐོས་པ་དང་། རང་གི་ཡིད་ཀྱིས་དཔྱད་ནས་བྱེ་བྲག་ཕྱེད་པ་དང་། རང་རིག་པས་ཉམས་སུ་མྱོང་བ་ལས་

ཐ་སྙད་བྱེད་པའི་ཚུལ་བཞི་དང་། ཡང་ཡིན་ཡོད་དུ་སྒྲུབ་པ་དང་། མེད་མ་ཡིན་དུ་དགག་པ་སྟེ། སྒྲུབ་ཚུལ་གྱི་ཐ་སྙད་དགག་སྒྲུབ་ཀྱི་ཡན་ལག་བཞིའོ། །འདི་རྣམས་ཀྱིས་མཚོན་ནས་ཐ་སྙད་ཀྱི་རྣམ་བཞག་ཁོང་དུ་ཆུད་པར་བྱའོ། །དེ་ལྟར་ཕུང་ཁམས་སྐྱེ་མཆེད་ཀྱི་རྣམ་བཞག་དེ་ཡང་། གཟུགས་ཀྱི་ཕུང་པོ་ནི་སྐྱེ་མཆེད་དང་ཁམས་བཅུ་དང་། ཆོས་ཀྱི་ཁམས་དང་སྐྱེ་མཆེད་ཀྱི་ཕྱོགས་གཅིག་གིས་བསྡུས་སོ། །དེའི་ཕྱིར་ཆོས་ཀྱི་སྐྱེ་མཆེད་པའི་གཟུགས་འདི་ཕུང་ལྔའི་ནང་ཚན་གྱི་གཟུགས་སུ་བརྗོད་ཀྱི་ཡུལ་ལྔའི་ནང་ཚན་གྱི་གཟུགས་ཁོ་ན་མིན་ནོ། །གཟུགས་བརྙན་དང་སྒྲ་བརྙན་ལྟ་བུ་མིག་རྣའི་ཤེས་པའི་ཡུལ་ཙམ་ཡིན་པར་ཐ་སྙད་དུ་ཁས་ལེན་པ་ལ་འགལ་བ་མེད་ཀྱང་། དེ་དག་ལ་གཟུགས་སྒྲ་རང་མཚན་པ་གང་ཡང་མེད་པས་མེད་པ་གསལ་སྣང་ཙམ་སྟེ་ཆོས་ཀྱི་སྐྱེ་མཆེད་ཀྱི་གཟུགས་སུ་བསྡུ་ཡི། གཟུགས་སྒྲའི་སྐྱེ་མཆེད་དུ་མི་བསྡུའོ། །ཡུལ་ལྔའི་བྱེ་བྲག་ཏུ་གྱུར་པའི་གཟུགས་ལ། བསྟན་ཡོད་ཐོགས་བཅས་ནི་ཀ་བུམ་སོགས་ཀྱི་གཟུགས་ལྟ་བུའོ། །བསྟན་མེད་ཐོགས་བཅས་ནི་དབང་རྟེན་མིག་སོགས་མཐོང་བྱ་འདིའི་ནང་ན་ཤིན་ཏུ་དྭངས་པ་ཉི་འོད་ལྟར་ཡོད་པ་ཕལ་པས་དབང་པོས་གཟུང་དུ་མེད་ཀྱང་ཐོགས་བཅས་སུ་འདོད་དོ། །བསྟན་མེད་ཐོགས་མེད་ནི་རྣམ་པར་རིག་བྱེད་མིན་པའི་གཟུགས་ཏེ་དེ་གསུམ་ཙམ་གསུངས་ཀྱང་། གཟུགས་བརྙན་ལ་བསྟན་ཡོད་ཐོགས་མེད་ཀྱི་གཟུགས་ཀྱི་ཐ་སྙད་ཙམ་འདོགས་རུང་བར་མངོན་ནོ། །རྣམ་པར་ཤེས་པའི་

ཕུང་པོ་ནི་ཡིད་ཀྱི་སྐྱེ་མཆེད་དང་ཞེས་པའི་ཁམས་བདུན་གྱིས་བསྡུས་སོ། །ཕུང་པོ་གཞན་གསུམ་དང་། གཟུགས་ཕུང་གི་ཕྱོགས་གཅིག་ཆོས་ཀྱི་སྐྱེ་མཆེད་ཀྱི་གཟུགས་དང་། འདུས་མ་བྱས་དང་བཅས་པ་ནི་ཆོས་ཀྱི་སྐྱེ་མཆེད་དང་ཆོས་ཀྱི་ཁམས་ཀྱིས་བསྡུས་སོ། །དེ་ཐམས་ཅད་གཟུགས་ཀྱི་ཕུང་པོ་དང་། ཡིད་ཀྱི་སྐྱེ་མཆེད་དང་། ཆོས་ཀྱི་ཁམས་གསུམ་གྱི་ནང་དུ་འདུའོ། །ཡང་ཞེས་བྱ་གཞི་ལྔར་འདུ་སྟེ། སྣང་བ་གཟུགས་ཀྱི་གཞི་ནི། གཟུགས་ཀྱི་ཕུང་པོ་སྔར་ཇི་སྐད་བཤད་པ་བཞིན་ནོ། །གཙོ་བོ་སེམས་ཀྱི་གཞི་ནི། རྣམ་པར་ཤེས་པ་ཚོགས་དྲུག་གམ་བརྒྱད་པོ་དེའོ། །འཁོར་སེམས་བྱུང་གི་གཞི་ནི་སེམས་བྱུང་རྣམས་ཏེ་ཚོར་བ་དང་འདུ་ཤེས་དང་བཅས་པའི་སེམས་བྱུང་ང་གཅིག་གོ །ལྡན་མིན་འདུ་བྱེད་ནི་སྔར་བཤད་པ་བཞིན་དང་། འདུས་མ་བྱས་ཀྱི་གཞི་ནི་ཆོས་ཀྱི་ཁམས་སུ་སྔར་བཤད་པ་བཞིན་དུ་ཤེས་པར་བྱའོ། །སྐྱེ་མཆེད་ཀྱི་སྐབས་སོ།།

Abhängiges Entstehen

།།རྟེན་ཅིང་འབྲེལ་བར་འབྱུང་བ་གང་ཞེ་ན། ཕྱི་དང་ནང་གིས་བསྡུས་པའི་ཆོས་འདི་རྣམས་རྒྱུ་མེད་པར་བྱུང་བ་མ་ཡིན། རྒྱུ་མིན་པ་བདག་དང་དུས་དང་དབང་ཕྱུག་སོགས་བྱེད་པོ་རྟག་པ་གཞན་གྱི་རྒྱུ་ལས་བྱུང་བ་མ་ཡིན་ལ། རང་

རང་གི་རྒྱུ་རྐྱེན་རྟེན་འབྲེལ་ཚོགས་པ་ལ་བརྟེན་ནས་སྐྱེ་བ་ནི་རྟེན་ཅིང་འབྲེལ་
བར་འབྱུང་བ་ཞེས་བྱ་སྟེ། ཚུལ་འདི་ལྟ་བུར་སྨྲ་བ་ནི་སངས་རྒྱས་ཀྱི་གསུང་
ཐུན་མོང་མིན་པའི་རང་ལུགས་སོ། །དེ་ལ་ཕྱིའི་ཆོས་ཐམས་ཅད་ནི་ས་བོན་
ལས་མྱུ་གུ་སྐྱེ་བ་ལ་སོགས་པའི་ཚུལ་དུ་རྟེན་ཅིང་འབྲེལ་བར་འབྱུང་ལ། ནང་
གི་ཆོས་སེམས་ཅན་མཆོག་དམན་བར་མའི་ཕུང་པོ་ཐམས་ཅད་ནི་རྟེན་འབྲེལ་
ཡན་ལག་བཅུ་གཉིས་ཀྱི་ཚུལ་དུ་འབྱུང་ངོ་། །དེ་ཇི་ལྟར་ན་ཕྱིའི་རྟེན་འབྲེལ་ནི།
རྒྱུ་དང་འབྲེལ་བ་བདུན་དང་། རྐྱེན་དང་འབྲེལ་བ་དྲུག་གི་ཚུལ་གྱིས་ས་བོན་
ལས་མྱུ་གུ་སོགས་འབྱུང་བའི་དཔེས་མཚོན་ནས་ཤེས་པར་བྱ་སྟེ། རྒྱུ་དང་
འབྲེལ་བ་ནི། ས་བོན་དང་མྱུ་གུ་དང་། འདབ་མ་དང་། སྡོང་བུ་དང་།
སྦུ་གུ་དང་། སྙིང་པོ་དང་། མེ་ཏོག་དང་། འབྲས་བུ་རྣམས་སྔ་མ་ལས་
ཕྱི་མ་རིམ་བཞིན་སྐྱེ་བ་ཉེར་ལེན་གྱི་རྒྱུའི་དབང་དུ་བྱས་ཏེ་གསུངས་སོ། །
རྐྱེན་དང་འབྲེལ་བ་ནི། ས་ཆུ་མེ་རླུང་ནམ་མཁའ་དུས་དང་དྲུག་སྟེ། རིམ་
པ་ལྟར་བརྟེན་པ་དང་སྡུད་པ་དང་སྨིན་པ་དང་འཕེལ་བ་དང་གོ་འབྱེད་པ་དང་
རིམ་པས་འགྱུར་བར་བྱེད་དེ། ལྷན་ཅིག་བྱེད་པའི་རྐྱེན་འདི་དག་གིས་མྱུ་གུ
ནས་འབྲས་བུའི་བར་དུ་བདུན་པོ་འབྱུང་བའི་གྲོགས་བྱེད་དོ། །ནང་གི་རྟེན་
འབྲེལ་ལ་རྒྱུ་དང་འབྲེལ་བ་ནི་ཡན་ལག་བཅུ་གཉིས་ཏེ། གང་ཞེ་ན་མདོ་ལས།
རྟེན་ཅིང་འབྲེལ་བར་འབྱུང་བ་ཞེས་བྱ་བ་ནི་འདི་ལྟ་སྟེ། འདི་ཡོད་པས་ན་
འདི་འབྱུང་ལ། འདི་སྐྱེས་པའི་ཕྱིར་འདི་སྐྱེ་བ་སྟེ། གང་འདི་མ་རིག་པའི་

རྐྱེན་གྱིས་འདུ་བྱེད་རྣམས། འདུ་བྱེད་ཀྱི་རྐྱེན་གྱིས་རྣམ་པར་ཤེས་པ་སོགས་ནས། དེ་བཞིན་དུ་མིང་དང་གཟུགས་དང་། སྐྱེ་མཆེད་དྲུག རེག་པ། ཚོར་བ། སྲེད་པ། ལེན་པ། སྲིད་པ། སྐྱེ་བ། རྒ་ཤིའི་བར་དུ་སྦྱུར་ཞིང་། མྱ་ངན་དང་། སྨྲེ་སྔགས་འདོན་པ་དང་། སྡུག་བསྔལ་བ་དང་། ཡིད་མི་བདེ་བ་དང་། འཁྲུགས་པ་རྣམས་འབྱུང་སྟེ། དེ་ལྟར་སྡུག་བསྔལ་གྱི་ཕུང་པོ་ཆེན་པོ་འབའ་ཞིག་པོ་འདི་འབྱུང་བར་འགྱུར་རོ། །དེ་ལ་མ་རིག་པ་འགགས་པས་འདུ་བྱེད་འགགས་སོགས་ནས། སྐྱེ་བ་འགགས་པས་རྒ་ཤི་དང་མྱ་ངན་སོགས་སྡུག་བསྔལ་གྱི་ཕུང་པོ་ཆེན་པོ་འབའ་ཞིག་པོ་འདི་འགག་པར་འགྱུར་རོ། །ཞེས་གསུངས་པ་ལྟར། བདེན་དོན་མི་ཤེས་ཤིང་། ཁམས་གསུམ་གྱི་རང་སའི་ཕུང་པོ་རྣམས་ལ། རྟག་པ་དང་བདེ་བ་དང་བདག་དང་རིལ་པོ་དང་གཅིག་པུ་དང་སེམས་ཅན་དང་བདག་གིར་འདུ་ཤེས་པ་ལ་སོགས་པ་དངོས་པོའི་རང་བཞིན་དང་མི་མཐུན་པར་ཕྱིན་ཅི་ལོག་ཏུ་འཛིན་པའི་རྨོངས་པ་ཡང་དག་པའི་དོན་ལ་སྒྲིབ་པར་བྱེད་པའི་ཀུན་རྟོག་དེ་ལ་མ་རིག་པ་ཞེས་བྱའོ། །བདག་ཏུ་འཛིན་པའི་མ་རིག་པ་དེ་ཡོད་ན་དེའི་དབང་གིས་ཆགས་སྡང་གཏི་མུག་གིས་བསྐྱེད་པའི་ལས་བསོད་ནམས་དགེ་བ་དང་། བསོད་ནམས་མིན་པ་མི་དགེ་བ་དང་། མི་གཡོ་བའི་ལས་རྣམས་འབྱུང་བས་ནི། རྣམ་ཤེས་ལ་ཡང་སྲིད་ཀྱི་ས་བོན་འདེབས་པས་འདུ་བྱེད་ཅེས་བྱ་སྟེ། དགེ་བས་མཐོ་རིས་ཀྱི་རྟེན་དང་བདེ་བ། མི་དགེ་བས་ངན་སོང་གི་རྟེན་དང་

སྡུག་བསྔལ། མི་གཡོ་བས་ཁམས་གོང་མ་གཉིས་ཀྱི་ཡང་སྲིད་འདུ་བྱེད་དོ། །འདུ་བྱེད་དེས་ཕྱི་མའི་སྲིད་པའི་སྐྱེ་གནས་སུ་འགྲོ་བའི་རྣམ་ཤེས་འབྱུང་བར་བྱེད་དེ། ཡང་སྲིད་འཕེན་བྱེད་ཀྱི་ས་བོན་རྣམ་ཤེས་ལ་བཞག་པ་འཕེན་བྱེད་ཀྱི་རྣམ་ཤེས་དང་། ནམ་ཞིག་རྐྱེན་ཚོགས་ནས་སྲིད་པའི་སྐྱེ་གནས་སུ་ཁྲིད་པ་འཕངས་འབྲས་ཀྱི་རྣམ་ཤེས་ཞེས་བྱ་ཞིང་། དེ་གཉིས་ཀ་དོན་དུ་ཡང་སྲིད་འགྲུབ་བྱེད་རྣམ་ཤེས་ཀྱི་ཡན་ལག་ཏུ་གཅིག་གོ །རྣམ་ཤེས་དེའི་དབང་གིས་མངལ་དུ་ཉིང་མཚམས་སྦྱར་བ་ན་རྣམ་ཤེས་དང་ཚོར་འདུ་འདུ་བྱེད་དེ་མིང་བཞི་དང་། དེ་དང་ལྡན་ཅིག་པའི་མེར་མེར་པོ་ལ་སོགས་པ་གཟུགས་ཏེ་མིང་གཟུགས་ཀྱི་ཡན་ལག་དེ་དག་མདུང་ཁྲིམ་ལྟར་ཕན་ཚུན་བརྟེན་པའི་ཚུལ་གྱིས་སྲིད་པའི་ལུས་ཀུན་ནས་འཛིན་པ་འབྱུང་ངོ་། །དེ་ལས་མིང་གཟུགས་ཀྱི་གནས་སྐབས་ཡོངས་སུ་རྫོགས་པ་ནང་གི་མིག་སོགས་སྐྱེ་མཆེད་དྲུག་འབྱུང་ངོ་། །དེ་ལས་ཡུལ་དབང་ཤེས་གསུམ་འདུས་ནས་ཡུལ་གྱི་འགྱུར་བ་ཡོངས་སུ་གཅོད་པ་མིག་གི་འདུས་ཏེ་རེག་པ་སོགས་དྲུག་འབྱུང་བ་ནི་རེག་པའི་ཡན་ལག་གོ །རེག་པ་དེ་ལས་ཚོར་བ་བདེ་སྡུག་བཏང་སྙོམས་གསུམ་གྱི་ཆ་ལ་ཉེ་བར་ལོངས་སྤྱོད་པ་འབྱུང་བ་ནི་ཚོར་བའི་ཡན་ལག་གོ །ཚོར་བ་དེ་ལ་བརྟེན་ནས་ཚོར་བ་བདེ་བ་ལ་མི་འབྲལ་བར་འདོད་པའི་འདོད་སྲེད། མི་བདེ་བ་ལ་འདོར་བར་འདོད་པའི་འཇིགས་སྲེད། བཏང་སྙོམས་ལ་རང་གར་གནས་ཤིང་། གཟུགས་ནས་ཆོས་ཀྱི་བར་ཡུལ་དྲུག་པོ་དེ་ལ་སྲེད་པ་སྐྱེ་སྟེ།

མདོར་ན་ཚོར་བའི་རྒྱུ་ལས་ཡུལ་གྱི་རོ་མྱོང་བ་དང་དགའ་ཞིང་ཞེན་པ་སྐྱེ་བས་ཡུལ་སྲེད་པ་ནི་སྲེད་པའི་ཡན་ལག་གོ། །འདི་ལ་འདོད་གཟུགས་གཟུགས་མེད་ཀྱི་སྲེད་པ་གསུམ་སོགས་སུ་དབྱེར་ཡོད་དོ། །སྲེད་པ་དེ་ལས་བདག་སྡུག་པ་དང་བདེ་བའི་ངོ་བོ་ལས་བྲལ་བར་མ་གྱུར་ཅིག་ཅེས་བཀྲམ་ཆགས་ཀྱི་སྲེད་པ་ལྷག་པར་འཕེལ་ཏེ། ཡུལ་དང་དུ་ལེན་པ་ལ་དངོས་སུ་སྦྱོར་བ་ནི་ལེན་པའི་ཡན་ལག་སྟེ། འདི་ལ་དབྱེ་བ་བྱས་ན། འདོད་པ་དང་ལྟ་བ་དང་ཚུལ་ཁྲིམས་བརྟུལ་ཞུགས་མཆོག་འཛིན་དང་བདག་ཏུ་སྨྲ་བ་ཉེ་བར་ལེན་པ་བཞིར་ཡང་གསུངས་སོ། །ལེན་པ་དེས་ལུས་ངག་ཡིད་གསུམ་གྱི་སྒོ་ནས་སྲིད་པ་ཕྱི་མ་འགྲུབ་པའི་ལས་མངོན་དུ་བྱས་པ་ནི་སྲིད་པའི་ཡན་ལག་སྟེ་ཁམས་གསུམ་གྱི་སྲིད་པ་གསུམ་སོགས་སུ་དབྱེར་ཡོད་དོ། །སྲིད་པ་དེའི་མཐུས་ནམ་ཞིག་རྐྱེན་ཚོགས་པ་ན། ཡང་སྲིད་ཀྱི་སྐྱེ་གནས་དེར་དངོས་སུ་དང་པོར་སྐྱེ་བ་དང་ལུས་རྫོགས་པ་དང་རིས་མཐུན་པར་གནས་པ་ནི་སྐྱེ་བའི་ཡན་ལག་སྟེ། དེ་ནི་རྟེན་དེ་ལ་སྡུག་བསྔལ་ཇི་སྙེད་མྱོང་བའི་གཞིར་གྱུར་པ་ཡིན་ནོ། །སྐྱེ་བ་དེ་ལས་ཕུང་པོའི་རྒྱུན་འགྱུར་བའི་རྒ་བ་དང་། རྒྱུན་འགགས་པའི་ཤི་བ་དང་། དེས་མཚོན་ནས་ནང་གི་ཡོངས་སུ་གདུང་བ་མྱ་ངན་དང་། དེ་ལས་བྱུང་བའི་ཚིག་སྨྲ་བ་སྨྲེ་སྔགས་འདོན་པ། སྒོ་ལྔའི་ཤེས་པ་དང་མཚུངས་ལྡན་གྱི་སྡུག་བསྔལ་བ། ཡིད་ཤེས་དང་མཚུངས་ལྡན་གྱི་ཡིད་མི་བདེ་བ། གཞན་ཡང་ཉམས་སུ་མི་བདེ་བའི་ཉེ་ཉོན་རྣམས་འབྱུང་བ་

འབྲུགས་པ་སྟེ། དེ་ལྟར་མདོར་ན་སྡུག་བསྔལ་གྱི་ཕུང་པོ་ཆེན་པོ་འབའ་ཞིག་པོ་འདི་ནི་འཁོར་བར་སྐྱེ་བ་ལས་བྱུང་བའོ། །སྐྱེ་བ་དེ་ཡང་སྲིད་པ་ལས་བྱུང་བ་སོགས་ཡན་ལག་སྔ་མ་སྔ་མ་འདི་དག་ཡོད་པས་ཕྱི་མ་ཕྱི་མ་དག་ཡོད་པའི་ཐ་སྙད་འབྱུང་ལ། སྔ་མ་དག་སྐྱེས་པས་ཕྱི་མ་སྐྱེ་བའི་དོན་བྱེད་པ་ཡིན་ཅིང་། སྔ་མ་མེད་པ་དང་མ་སྐྱེས་པ་ན་ཕྱི་མ་འདི་མི་འབྱུང་ལ་མི་སྐྱེ་བ་ཡིན་པས། སྡུག་བསྔལ་གྱི་ཕུང་པོ་འགག་པར་འགྱུར་རོ། །རྐྱེན་དང་འབྲེལ་བ་ནི་མ་རིག་པ་སོགས་ཉོན་མོངས་རྣམས་དམིགས་པའི་ཡུལ་དང་ནང་གི་དབང་པོ་སོགས་ཀྱིས་ཀྱང་གྲོགས་བྱས་ནས་སྐྱེ་ལ། ལས་ཀྱང་དེ་བཞིན་ཏེ། སྡུག་བསྔལ་གྱི་གཞི་མིང་གཟུགས་སོགས་བདུན་ནི། ནང་གི་སའི་ཁམས་སྲ་བ་དང་། ཆུ་གཤེར་བ་དང་། མེ་དྲོ་བས་ཟས་སོགས་འཚོ་བ་དང་། དབུགས་འབྱིན་རྔུབ་སོགས་རླུང་གི་ཁམས་དང་། གོ་འབྱེད་པའི་བུ་ག་རྣམས་ནམ་མཁའི་ཁམས་དང་། རྣམ་པར་ཤེས་པའི་ཁམས་ཏེ་ཁམས་དྲུག་གིས་ལྷན་ཅིག་བྱེད་པའི་རྐྱེན་བྱས་ནས་སྐྱེ་བར་བྱེད་དོ། །མིག་ཤེས་ནི་རྟེན་མིག་དབང་དང་། དམིགས་པ་གཟུགས་དང་། མངོན་པར་སྣང་བ་དང་། མི་སྒྲིབ་པ་ནམ་མཁའ་དང་། བསམ་པ་ཡིད་བྱེད་ལྷུས་ལྷན་ཅིག་བྱས་ནས་སྐྱེ་བ་དེ་བཞིན་དུ་ཤེས་པ་གཞན་ལའང་ཅི་རིགས་སུ་སྦྱར་ཏེ་ཤེས་པར་བྱའོ། །དེ་ལྟར་ཕྱི་དང་ནང་གི་ཆོས་ཐམས་ཅད་རང་རང་གི་རྒྱུ་རྐྱེན་ཅི་ཙམ་ཚོགས་དགོས་པ་ལས་གང་ཡང་རུང་བ་མ་ཚང་ན་མི་སྐྱེ་ལ། ཚང་ན་ངེས་པར་སྐྱེ་བ་རྟེན་

ཅིང་འབྲེལ་བར་འབྱུང་བའི་དང་ཚུལ་ཏེ། ཐོག་མ་མེད་པའི་དུས་ནས་རྒྱུན་གྱི་འཇུག་པ་འདི་ལ་བྱེད་པ་པོ་བདག་དང་དབང་ཕྱུག་སོགས་གང་ཡང་མེད་ལ། རྒྱུ་རྣམས་ཀྱིས་རང་འབྲས་འདི་དག་སྐྱེད་དོ་སྙམ་དུ་མི་རྟོག འབྲས་བུ་རྣམས་ཀྱིས་བདག་འདིས་སྐྱེད་དོ་སྙམ་དུ་མི་རྟོག་ཀྱང་། རྒྱུ་འབྲས་ཀྱི་རྟེན་འབྲེལ་ཁྱད་པར་ལྷུ་ལྷན་དུ་འབྱུང་སྟེ། གང་ཞེ་ན། ས་བོན་མ་འགགས་པར་ཡོད་བཞིན་མྱུ་གུ་སྐྱེ་བ་མིན་པར་ས་བོན་འགགས་ནས་མྱུ་གུ་སྐྱེ་བའི་ཕྱིར་རྟག་པ་མིན་པ་དང་། ས་བོན་འགགས་ཏེ་རྒྱུན་ཆད་པ་ལས་སྐྱེ་བ་མིན་པར་ས་བོན་འགག་པ་དང་མྱུ་གུ་སྐྱེ་བ་སྲང་མདའི་མཐོ་དམན་བཞིན་དུ་བར་མ་ཆད་པར་འབྱུང་བས་ཆད་པ་མིན་པ་དང་། ས་མྱུག་དེ་གཉིས་ངོ་བོ་དང་བྱེད་ལས་ཀྱི་སྒོ་ནས་གཅིག་མིན་པས་སྔ་མ་ཕྱི་མར་འཕོས་པ་མིན་པ་དང་། ས་བོན་ཆུང་ངུས་འབྲས་བུ་ཆེ་བ་འབྱིན་པས་རྒྱུ་ཆུང་ངུས་འབྲས་བུ་ཆེན་པོ་འགྲུབ་པ་དང་། གྲོ་ཡི་ས་བོན་ལས་གྲོ་ཡི་མྱུ་གུ་དང་། དགེ་བ་ལས་བདེ་བ་ལྟ་བུ་རྒྱུ་དང་འབྲས་བུ་འདྲ་བའི་རྒྱུད་དམ་རྒྱུ་མཐུན་པ་ལྟ་ཡི་ཚུལ་དུ་ཕྱི་ནང་གི་རྒྱུ་འབྲས་རྣམས་ཤེས་པར་བྱ་སྟེ། དཔེ་ཇི་ལྟར་ན། ཁ་ཐོན་མར་མེ་མེ་ལོང་རྒྱ། །མེ་ཤེལ་ས་བོན་སྐྱུར་དང་སྒྲས། །ཕུང་པོ་ཉིང་མཚམས་སྦྱོར་བ་ཡང་། །མི་འཕོ་བར་ཡང་མཁས་རྟོགས་བྱ། །ཞེས་གསུངས་པ་ལྟར་ཤེས་པར་བྱ་སྟེ། དེ་ལྟར་རྟོགས་ན་ཆོས་འདི་དག་རྟེན་འབྲེལ་གྱི་སྣང་བ་བསླུ་མེད་ཙམ་ལས། བདག་དང་གཞན་དང་གཉིས་ཀ་དང་རྒྱུ་མེད་ལས་མ་བྱུང་བས་མ་སྐྱེས་པ།

དུས་དང་དབང་ཕྱུག་སོགས་བྱེད་པོས་མ་བྱས་པ། སྲོག་དང་གང་ཟག་དང་བྱེད་པ་པོ་དང་བདག་དང་ཆོས་ཀྱི་ངོ་བོ་མེད་པ། གསོག་དང་གསོབ་དང་རང་བཞིན་མེད་པར་ཤེས་ནས། བདག་སྔོན་དང་ད་ལྟ་ཕྱི་མར་ཅི་ལྟར་གྱུར་པའི་མཐའ་ལ་རྟོག་པ་སོགས་ཀྱི་གཡོ་བ་དང་བྲལ་ཏེ་ཕྱིས་མི་སྐྱེ་བར་བྱེད་པའི་བཟོད་པ་དང་ལྡན་པ་དེ་ལ་སངས་རྒྱས་རྣམས་ཀྱིས་བླ་མེད་བྱང་ཆུབ་ཏུ་ལུང་སྟོན་པར་འགྱུར་རོ། །དེ་ལྟར་རྟེན་འབྲེལ་ཡན་ལག་བཅུ་གཉིས་པོ་ནི་མ་རིག་པ་མ་སྤངས་ཀྱི་བར་དུ་རྒྱུན་གྱིས་འཇུག་སྟེ། སྔོན་གྱི་དུས་ཀྱི་རྒྱུ་མ་རིག་པ་དང་འདུ་བྱེད་ཀྱིས་ནི་ད་ལྟའི་འཕངས་འབྲས་ཀྱི་རྣམ་ཤེས་ནས་ཉོན་མོངས་སྲེད་ལེན་གྱིས་ཡང་སྲིད་འགྲུབ་བྱེད་ཀྱི་ལས་བསགས་པ་སྲིད་པའི་བར་དུ་འབྱུང་ལ། དེ་ལས་སླད་མའི་ཚེ་ལས་དང་མཐུན་པར་གནས་རིས་གང་དུ་སྐྱེ་བ་ལེན་ཅིང་། རྟེན་དེས་འཁོར་བའི་སྡུག་བསྔལ་རྒ་ཤི་སོགས་མྱོང་ངོ་། །དེ་ལྟར་གྱུར་པའི་རྟེན་དེ་ལ་ཡང་། གཟུགས་ཅན་གྱི་སེམས་ཅན་རྣམས་ལ་རྣམ་ཤེས་ནས་སྲིད་པའི་བར་འབྱུང་ཞིང་། གཟུགས་མེད་དུ་སྐྱེ་བ་ན་རྣམ་ཤེས་ནས་མིང་བཞིའི་ཕུང་པོས་བསྡུས་པའི་སྲིད་པའི་བར་དུ་འབྱུང་ལ། གང་དང་གང་དུ་སྐྱེས་ཀྱང་དེའི་སྐྱེ་བ་དང་རྒ་ཤི་འབྱུང་སྟེ། སླར་ཡང་ལས་ཉོན་གྱིས་འཕངས་ནས་སྐྱེ་བ་གཞན་ལེན་པས། དེ་ལྟར་མགལ་མེའི་འཁོར་ལོ་དང་ཟོ་ཆུན་ཁྱུད་མོ་ལྟར་ཁམས་གསུམ་སྲིད་པར་ཡང་ནས་ཡང་དུ་འཁོར་ཞིང་འཕྱན་པར་འགྱུར་རོ། །དེ་ལྟར་རྒྱུན་ཆགས་སུ་འབྱུང་ཚུལ་སྤྱིར་ཤེས་པར་བྱས་ནས་ཚེ་དུ་ལ་

རྟོགས་དཔྱད་ན་སྔོན་དང་ད་ལྟ་ཕྱི་མའི་སྐྱེ་བ་གསུམ་ལ་རྟོགས་ཚུལ་ཆ་ཤད་མ་ཐག་པ་ལྟར་དང་། ཚེ་སྔོན་མའི་གནས་སྐབས་ཀྱི་ཕུང་པོས་བསྡུས་པའི་མ་རིག་པ་དང་། སྲེད་ལེན་གྱི་དབང་གིས་ལས་འདུ་བྱེད་པ་དག་གིས་འཕངས་པའི་ཕྱི་མའི་སྐྱེ་བ་ལེན་ཞིང་དེ་ལ་རྣམ་ཤེས་ནས་སྲིད་པའི་བར་དང་རྒ་ཤི་ཡང་འབྱུང་བས་ཚེ་གཉིས་ཀྱིས་རྫོགས་པའང་ཡོད་དོ། །གང་ལྟར་ཡང་གཅིག་ལ་གཅིག་བརྟེན་ནས་རྒྱུན་ཆགས་པར་འབྱུང་བས་འདི་ལ་རྒྱུན་ཆགས་པའི་རྟེན་འབྲེལ་ཞེས་བྱ་བའོ། །གཞན་ཡང་བྱ་བ་རྫོགས་པའི་སྐད་ཅིག་ལ་བཅུ་གཉིས་ཚང་ཚུལ། སྲོག་གཅོད་པ་ལྟ་བུ་ལ་མཚོན་ན། མི་ཤེས་པས་འཇུག་པ་མ་རིག་པ། དེ་བཞིན་དུ་ལས་དེ་འདུ་བྱེད་པ། དེ་དུས་ཀྱི་ཤེས་པ་འབྱུང་བ། དེ་དུས་ཀྱི་མིང་གཟུགས་དང་། སྐྱེ་མཆེད་དྲུག་མཚོན་བསྟུན་པ་སོགས་ཀྱི་རེག་པ། དེ་དུས་རང་གཞན་གྱི་བདེ་སྡུག་མྱོང་ཞིང་ཚོར་བ། དེ་ལ་དགའ་བས་འཇུག་ཅིང་སྲེད་པ། དེ་ལས་ཕྱི་མའི་ཆ་དང་དུ་ལེན་པ། ལས་བྱེད་དུས་ཀྱི་ཕུང་པོ་སྲིད་པ། དེ་ལས་ད་ལྟ་དང་ཕྱི་མའི་ཆ་སྐྱེ་བ། དེ་འགྱུར་ཞིང་འགག་པ་རྒ་ཤིའི་ཡན་ལག་གི་ཚུལ་དུ་འདོད་དེ་སྐད་ཅིག་མའི་རྟེན་འབྲེལ་ལོ། །རྒྱུན་ཆགས་པའི་རྟེན་འབྲེལ་ཡན་ལག་བཅུ་གཉིས་པོ་དེ་དག་བསྡུ་ན། མ་རིག་པ་དང་འདུ་བྱེད་དང་རྣམ་ཤེས་གསུམ་ནི་འཕེན་པའི་ཡན་ལག མིང་གཟུགས་ནས་ཚོར་བའི་བར་བཞི་འཕངས་འབྲས་ཀྱི་ཡན་ལག སྲེད་ལེན་སྲིད་པ་གསུམ་མངོན་པར་འགྲུབ་པའི་ཡན་ལག སྐྱེ་བ་དང་རྒ་ཤི་གཉིས་

མཐོང་བར་གྲུབ་པའི་ཡན་ལག་སྟེ་བཞིར་འགྱུར་རོ། །ཡང་གསུམ་དུ་སྡུད་དེ་མ་རིག་པ་དང་སྲེད་པ་དང་ལེན་པ་གསུམ་ནི་ཉོན་མོངས་པའོ། །འདུ་བྱེད་དང་སྲིད་པ་གཉིས་ནི་ལས་སོ། །ལྷག་མ་བདུན་ནི་སྡུག་བསྔལ་གྱི་གཞི་བདུན་ནོ། །འདི་གསུམ་ལ་རིམ་པ་ལྟར་ཉོན་མོངས་པའི་ཀུན་ནས་ཉོན་མོངས་པ། ལས་ཀྱི་ཀུན་ནས་ཉོན་མོངས་པ། ཚེའམ་སྐྱེ་བའི་ཀུན་ནས་ཉོན་མོངས་པ་ཞེས་འདོགས་ཏེ་འགྲོ་བ་རྣམས་ཉོན་མོངས་པ་བར་བྱེད་པའི་ཕྱིར་རོ། །ཡང་རིམ་པ་ལྟར་ཉོན་མོངས་པའི་གཞན་དབང་དང་། ལས་ཀྱི་གཞན་དབང་དང་། སྡུག་བསྔལ་གྱི་གཞན་དབང་ཞེས་ཀྱང་བརྗོད་དོ། །ཉོན་མོངས་གསུམ་ལས་ལས་གཉིས་འབྱུང་ལ། དེ་ལས་སྡུག་བསྔལ་གྱི་གཞི་བདུན་འབྱུང་ཞིང་། བདུན་པོ་ལས་སླར་ཡང་ཉོན་མོངས་དང་ལས་འབྱུང་སྟེ་དེ་ལྟར་རྒྱུན་གྱིས་འཁོར་རོ། །ཡན་ལག་བཅུ་གཉིས་ཀྱི་ནང་ནས་ལས་ཉོན་ལྔ་དང་རྣམ་ཤེས་རྣམས་ནི་ཡན་ལག་གཞན་རྣམས་སྐྱེད་པར་བྱེད་པའི་རྒྱུ་སྟེ། མ་རིག་པ་དང་། ལས་དང་། སྲེད་པ་དང་། རྣམ་ཤེས་བཞིའོ། །སྲེད་ལེན་གཉིས་སྲེད་པ་དང་། འདུ་བྱེད་སྲིད་པ་གཉིས་ལས་ཡིན་ནོ། །དེ་ལ་རྣམ་ཤེས་ནི་ས་བོན་ལྟ་བུ། ལས་ཞིང་ས། སྲེད་པ་རླན། མ་རིག་པ་འདེབས་བྱེད་དང་ལུད་ལྟ་བུ་སྟེ། དེ་བཞིས་སྲིད་པའི་སྐྱེ་གནས་རྣམས་སུ་མིང་གཟུགས་ཀྱི་མྱུ་གུ་འགྲུབ་པར་བྱེད་དོ། །ལུགས་འབྱུང་གི་རྟེན་འབྲེལ་དེ་དག་བསྡུས་ན་ལས་ཉོན་ལྔ་ནི་རྒྱུ་ཀུན་འབྱུང་གི་བདེན་པས་བསྡུས་ལ། ལྷག་

མ་བདུན་ནི་སྡུག་བདེན་གྱིས་བསྡུས་པའོ། །ལུགས་ལྡོག་གི་དབང་དུ་བྱས་ན་བདེན་པའི་ཆོས་ཉིད་རྟོགས་པའི་ཡེ་ཤེས་ཀྱིས་མ་རིག་པ་སྤངས་ནས་ལས་ཉོན་ལྷ་ལྡོག་པ་ལམ་བདེན་དང་། སྡུག་བསྔལ་གྱི་གཞི་བདུན་དེ་བཞིན་ཉིད་དུ་འགོག་པ་འགོག་བདེན་ཏེ་བདེན་དོན་རྣམ་པ་བཅུ་གཉིས་ཀྱི་རང་བཞིན་ནོ། །དེ་ལྟར་རྟེན་ཅིང་འབྲེལ་བར་འབྱུང་བ་འདི་ནི་སངས་རྒྱས་ཀྱི་གསུང་གི་མཛོད་ཀྱི་ནང་ན་གཅེས་པ་ཟབ་མོར་གྱུར་པ་སྟེ། སུས་ཤེས་རབ་ཀྱི་སྤྱན་གྱིས་རྟེན་ཅིང་འབྲེལ་བར་འབྱུང་བ་མཐོང་བ་དེས་འཕགས་ལམ་བརྒྱད་ཀྱི་རང་བཞིན་ཅན་གྱི་ཆོས་མཐོང་ཞིང་། ཡེ་ཤེས་ཀྱིས་གཟིགས་པས་ཤེས་བྱ་ཐམས་ཅད་ཐུགས་སུ་ཆུད་པ་སངས་རྒྱས་ཆོས་ཀྱི་སྐུ་མཐོང་བ་ཡིན་ནོ། །ཞེས་གསུངས་སོ། །རྟེན་འབྲེལ་གྱི་སྐབས་སོ།།

Weitere Bücher des Norbu Verlags

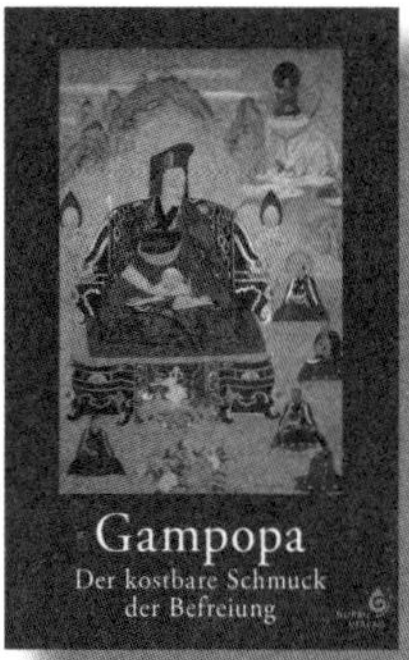

Gampopa

Der kostbare Schmuck der Befreiung

Gebundene Ausgabe,
2 Lesebändchen
304 Seiten | € 26,90
ISBN 978-3-940269-00-3

Shamar Rinpoche

Buddha-Natur

Unser Potential für Weisheit,
Mitgefühl und Freude

mit dem zugrundeliegenden Werk des 3. Karmapa
»Das Aufzeigen der Buddha-Natur«

Paperback
92 Seiten | € 18,–
ISBN 978-3-944885-35-3

Shamar Rinpoche

Lojong

Der buddhistische Weg zu Mitgefühl und Weisheit

Paperback
176 Seiten | € 20,–
ISBN 978-3-944885-32-2

Lodjong
Der große Weg des Erwachens

Grundlagentexte des Mahayana-Geistestraining mit einer ausführlichen Biographie von Djamgön Kongtrül und den Lebensgeschichten der wichtigsten Mahamudra-Linienhalter

Gebundene Ausgabe mit Schutzumschlag,
2 Lesebändchen
416 Seiten | € 28,90
ISBN 978-3-940269-02-7

Unser Gesamtprogramm finden Sie auf unserer Webseite:

www.norbu-verlag.de

Tel.: +49 – (0) 76 32 - 59 66
E-Mail: info@norbu-verlag.de